見るだけで松果体がまわりはじめる!

この絵は、カタカムナウタヒ15首の絵で、テーマは目と水です。

カタカムナは、古代超直観科学とされていて宇宙の真理を描いています。

また、目と水は、宇宙と交信するための重要なカギです。

この絵を写真に撮って持ち歩くなどして、

いつでも眺めて松果体をどんどん活性化しましょう。

目覚めよ、
松《しょう》果《か》体《たい》

「第三の目」を覚醒させて
宇宙の波に乗る方法

精神科医 越智啓子

はじめに

新時代を生きるときを迎えました

今、世界は混沌《こんとん》としていますが、新時代に大きく変わろうとしています。

実は、もう**この世は、五次元に変わりました。**

敏感な人や瞑想を習慣にしている人の中には、「あれっ、地球のエネルギーが変わったのかしら?」と思っている人もいるかもしれません。

二〇一二年にアセンション(次元上昇)が起きると言われ、それがノストラダムスの大予言とつながって大騒ぎとなりました。でも、特に天変地異も起きず、何もなかったかのように過ぎてしまいました。

しかし調べてみると、ノストラダムスは三七九七年の予言もしているので、二〇一二年に世界が終わることは、彼の予言でもあり得なかったのです。

ところが、すでに次元上昇はじわじわと起きています。

太陽系も地球も大きく変わって、地軸も少しずつ動いています。

異常気象が続き、二〇一九年二月には、ハワイのマウイ島にはじめて雪が積もりました。

この月は札幌でも四〇年ぶりにマイナス一二度になり、一方で、沖縄は暖冬で、気温が二三～二五度もありました。

これらは次元が変わったという現象の結果でもあり、すべて地球の平和へのプロセスです。


では、次元とは、何でしょうか?

わかりやすく説明すると、**次元とは、「意識の自由度」を表しています。**

点が自由に動いて、線になります。一次元です。

線が自由に動いて、面になります。二次元です。

面が自由に動いて、立体になります。三次元です。

立体が自由に動いて、時空が生まれます。四次元です。

時空が自由に動いて、パラレルになります。五次元です。

五次元から光の世界に入ります。

五次元以上は、光の強さ、大きさがどんどん増していく世界です。これは無限なので、いくらでも輝くことができます。

そして、今、私たちは、ついに五次元世界に突入したのです。おめでとうございます！

いつの間にか、私たちは、憧れの光の世界、五次元世界に移行していました。

えーー！　と、びっくりされている方もいるかもしれません。でも、もう五次元世界に入ってしまったので、新しい時代を楽しむしかありません。

せっかく最高に面白い時代を選んでここにいるのですから、古い時代の習慣を手放しましょう！

そのためには、**「不安がるよりも、面白がること」が大切です。**

不安になっていると緊張するので、身体のエネルギーセンターが自然に閉じてしまいます。面白がることで、緊張が取れてゆるゆるのリラックス状態になり、エネルギーセンターが開きます。そしてエネルギーの交流と交換が自由になるのです。

もちろん、私たちの意識は自由自在なので、どの次元にいたいかは、個人で選べます。

好奇心が旺盛な人は、多次元的に生きることもできます。

いろんなものに興味を持って意識をあちこちに向けることで、たくさんのスイッチがつながり、いろんな世界を味わうことができるのです。

私たちは、自分が存在したい世界にいるのです。

あなたは自分で選んだ世界に、今いるのです。

自分の「思い」が人生を作っています。

すべて、自分の思いが作っていますから、人のせいにはできないのです。誰かのせいにすると、一時的には楽になりますが、根本的な解決にはなりません。

けれども「すべては自己責任で、自分の思いで引き寄せている」と言われると、抵抗する人もいるかもしれません。そして、自分だけは例外だと思いたくなります。

でも、必ずどこかの時点で強く思ったことが、ベストタイミングに実現しています。もれなく誰もが「宇宙のしくみ」の中にいますので、自分が思った通りに、今、現実化して展開しているのです。

新時代を生きるカギが「第三の目」、つまり松果体《しょうかたい》の活性化です。

私は、ユニークな精神科医で、薬を使わず「愛と笑いの過去生《かこせ》療法」を楽しくクリニックで行っていますが、その中で松果体を活用しています。

松果体の活性化について実践しているので、ぜひ皆さんの松果体も活性化していただき、新しい時代を楽しく乗り切り、一緒に平和を作っていきたいと思います。

「自分が思った通りの人生を創造できる」って、すごいと思いませんか？

それが「宇宙のしくみ」であり、「人生のしくみ」なのです。

そして、それを可能にしているのが、宇宙に遍満する愛、そのものです。

宇宙には、素敵な「愛の法則」があります。

愛が宇宙に満ち満ちているおかげで、思いによる創造が可能になっているのです。

「愛の法則」を知ると、何も怖くなくなります。いつもニコニコ笑顔で生きていけるので、あっという間にユートピアです。

私はそれを知っているので、ずっと「愛と笑いの癒し」を続けてきました。

本書で、今生の集大成として、第三の目を覚醒させるための松果体の活性化と、「愛の法則」を紹介しながら、新しい時代を楽しむ方法を皆さんに伝授したいと思います。

令和元年　八月吉日

越智啓子

目覚めよ、松果体――「第三の目」を覚醒させて宇宙の波に乗る方法　目次

はじめに――新時代を生きるときを迎えました　3

第一章　新時代を生きる

私たちの意識には歴史があります　16
肉体の目を閉じることで開かれる「第三の目」　21
眩《まぶ》しいほどのシバ神との出会い　23
松果体を活性化して宇宙からのメッセージを受け取る　27
平和へ向かうための、地球の七度目のチャレンジ　29
マンガ『三つ目がとおる』に見る「第三の目」　32
次元を超えて多面的に生きる　36
デカルトが「松果体は、魂のありか」と言ったワケ　40

映画『美しき緑の星』の中に出てくる「切断」とは 45
「目」と「水」。それが意識と波動を伝えるカギ 49
愛に触れるだけで「第三の目」は開く 51

第二章

「第三の目」とは何か

「第三の目」はどこにあるの？ 58
「第三の目」はどんな働きをするの？ 62
クリスタルは地球の細胞 65
医学的に見る松果体の働き 67
松果体を鈍らせる生活をしていませんか？ 69
松果体のかたちは、まさに松ぼっくり！ 70
〝予定されていた〟ツインソウルとの出会いと展開 75
松果体は、テレパシーの受信機 78

次元上昇のカギは好奇心！ 81
インナーチャイルドが元気になるメニュー 84
奇跡や不思議な体験を共有できる友達を持つ 87
松果体を活性化すると「第三の耳」も開く！ 90
米津玄師《よねづけんし》の曲で「第三の目」が開く!? 奇跡の周波数 94
「第三の目」で見える世界は、あなたの周波数が作り出す世界 96

第三章
魂を思い出す

直観で動きはじめると、加速して人生が動き出す 100
すべてを総入れ替えして、世界を変える 103
「第三の目」を開いて「天使人」へ 104
天使とのコミュニケーションで才能が目覚める 107
意識はスピンしながら拡大していく 110

目は、魂の窓 114
カタカムナとの出会い 120
魂の覚醒と、「第三の目」の関係性 126

第四章 「第三の目」を覚醒させる

「第三の目」を開くために 天体――太陽・月・星からパワーをもらう 132
「第三の目」を開くために 笑い――松果体がクルクルまわり出す 136
「第三の目」を開くために アロマ――感情のブロックを解放する 140
「第三の目」を開くために クリスタル――自分自身と出会う 147
「第三の目」を開くために ヴォイスヒーリング――魂と共鳴し合う 152
「第三の目」を開くために 音によるヒーリング――周波数でＤＮＡを修復する 156
「第三の目」を開くために 歌によるヒーリング――自分だけの音魂と出会う 162
「第三の目」を開くために ハンドヒーリング――手からあふれ出る愛を、直接届ける 167

「第三の目」を開くために　座禅――自律神経を調整する　172
「第三の目」を開くために　能――エネルギーの軸が明確になる　177
「第三の目」を開くために　瞑想――自分の内なる宇宙とつながる　181
ユートピアへのはじまり　186

第五章

奇跡を起こして生きる

人生は「愛の表現」の探求。どんどんときめき、感動しましょう　190
エネルギーを自在に操《あやつ》る「仙人」を目指す！　193
怒りや悲しみの感情を、悪者にしないで！　196
感情にも色があります　200
泣いて笑って、感情を大解放！　光がどんどんあふれ出す！　202
スピンしながら宇宙とつながっていく　205
兄弟星「金星」のアセンションに、地球も続け！　208

この世は、ホログラム 211
覚醒するとは「メガネ」をはずすこと 214
「第三の目」が開いて、宇宙とつながる 217
人生は舞台！ 選択するときはいつでも冒険を！ 222

おわりに 226

ブックデザイン　ツカダデザイン

第一章

新時代を生きる

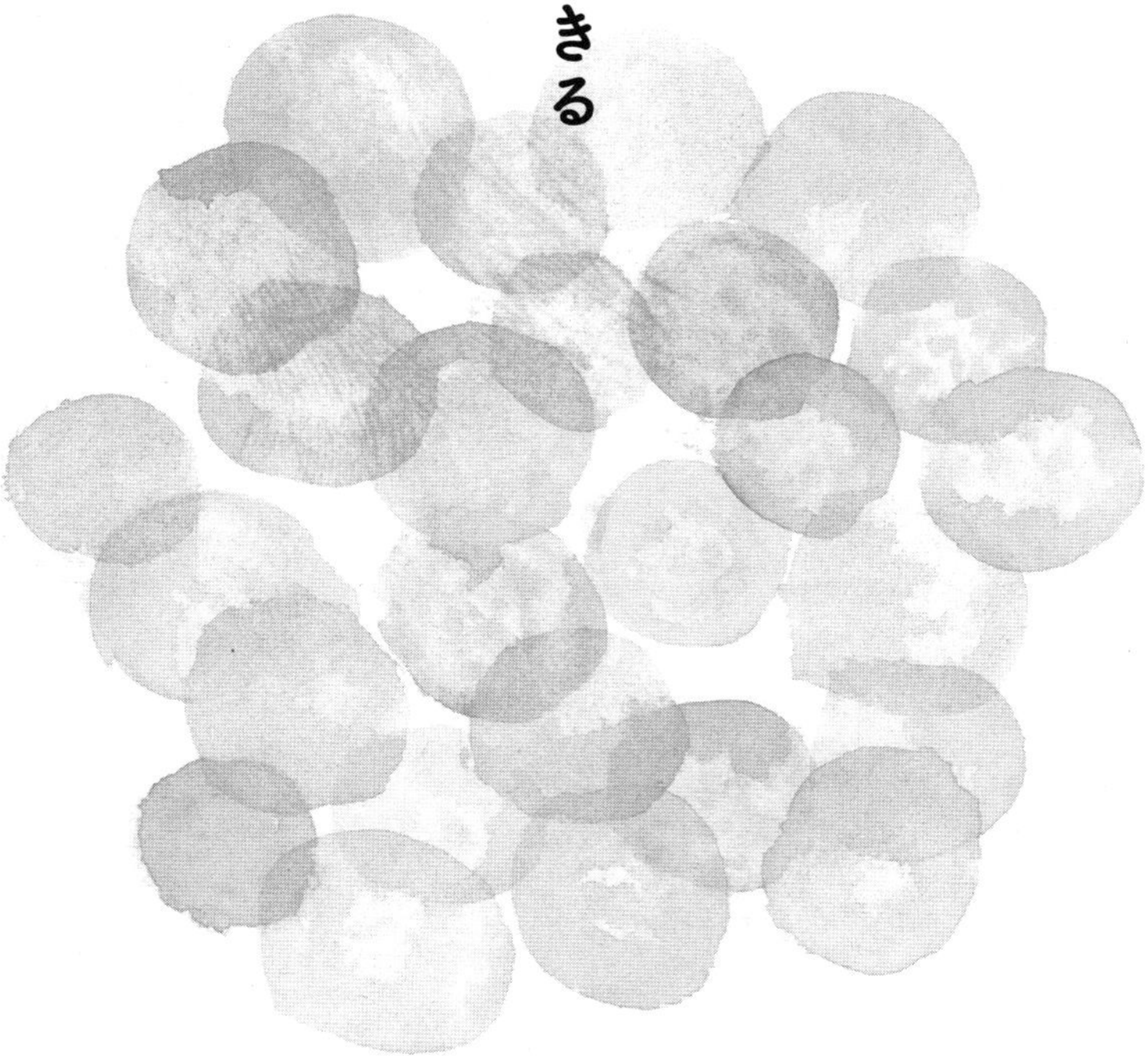

私たちの意識には歴史があります

私たちの意識は、一次元から自由に動いて、すべての次元を体験してきました。素粒子からはじまり、ミネラル、鉱物、植物、鳥、動物、人類……とあらゆる「いのち」を体験してきて、今があります。

だから、**本当は、万物すべてが自分なのです。**

好きないのちを何度も体験すると、人間になってもそのいのちが大好きでつながっていたくなります。たとえば、いつも魚の帽子をかぶっている魚類学者の「さかなクン」は、魚だった過去生がたくさんあるので、人間になっても魚が大好きで、研究を続けています。

私は、木が大好きなので、木造の家に住んでいます。きっと昔、ヒノキや松やイチョウ、桜の木だったことがあると思います。

猫が大好きな人は、きっと猫だったことがあります。

私も猫が大好きなので、自由気ままな猫の特性を持っています。

この**宇宙すべてが自分という意識になると、意識が無限大に広がります。**

意識が体験した次元によって、その人の意識の自由度が決まります。

「人生のしくみ」や「宇宙のしくみ」がわかってくると、意識が一瞬で変わりいろんなことに興味が湧いてきます。

自然に自分がやりたいことが見えてきて、自分らしさを取り戻していきます。

気持ちがどんどん自由になり、わくわく、うきうきと楽しくなってくるのです。

楽しさは、意識の自由度と関係しているからです。

意識の広がりに応じて、多次元的に生きることができる人は、何が起きても平常心で、ニコニコと笑顔でいることができます。

そういう人の意識は、とても大きくて細やかで、愛と笑いにあふれています。

笑いは、愛と密接に関係しています。

どんな状況でも、人々を笑いでリラックスさせたいという思いは、とても愛にあふれていて、周りの人々をあっという間に、緊張と不安の世界から救い出してくれます。

私が愛と笑いのヒーリングをずっと続けてきたのは、つらそうな人を見るとほうっておけず、くすぐってでも、リラックスした世界に導いて素敵な笑顔を引き出したくなるからです。

今、その人に笑いのヒントが見つからないときは、その人の魂の歴史をさかのぼり、過去生に見つけて解放します。

私は薬を使わない治療を探究しているうちに、時空を超えたヒーリングに行きついて、ついに「愛と笑いの過去生療法」をするようになりました。

意識の広がりから、ヒーリングもあの手この手を使うようになり、ついに時空を超えるようになってきたのです。

自分を産んで育ててくれた母親のことが苦手で、どうしても好きになれないという女性がクリニックにいらしたことがありました。たとえ母親が亡くなったとしても、お葬式にも出たくないと、切実な悩みを抱えていました。

過去生療法をしてみると、彼女が母親で、母親が息子だったという時代が出てきました。自分が息子を置いて家出して、我が子を育てられなかったことがあったのです。そして彼女の母親には、捨てられた怒りが残っていました。

母親を好きになれなかった理由がわかると、彼女は号泣して、「今すぐに母を抱きしめたくなりました！」とびっくりするような意識の変化がありました。そしてその後、さわやかな笑顔で帰っていきました。

過去生が人間ではないこともあります。

いろんな悩みを抱えたある女性の過去生は、ギリシャの巫女《みこ》さんで、エーゲ海でイルカと泳いでいたことがあり、さらに昔は、イルカそのものだったことがイメージで出てきて、びっくりの大笑いになりました。

「やっぱり、イルカでしたか！　納得です。イルカが大好きなので、とても嬉しいです」

その女性は、病気で入院したときに、父親が山のようにイルカグッズを買ってきて、看護師さんに怒られたという楽しいエピソードを思い出して話してくれました。

私は続けてその女性に言いました。

「ギリシャ時代の巫女仲間が、今職場でツンケンしてくる同僚です。あなたのところばかりイルカが寄ってきて、嫉妬していたみたいね。でも、昔イルカだったのだから、仲間と思って寄ってくるのは当然だったのよ～」

とさらに解説したら、彼女は仕事場を変えたいとまで思いつめていたのに、

「職場に行くのが楽しみになってきました。グレープフルーツの香りを使ってみます！」

と、すっかり悩みが解消されました。

グレープフルーツの香りは、人間関係の悩みをマジックのように解消してくれます。ストレス、怒り、嫉妬の解放に効果的です。

目の前で落ち込んでいた人が、意識が変わってあっという間にわくわく楽しくなるのを見ると、私も嬉しくなって、また人生の謎解きのお手伝いをしたくなります。

意識を変えるには、このように時空を超えて解説することが最短距離だとわかったので、今ではすっかりこの方法にはまっています。

そこから並行世界を見るようになって、パラレルワールドを体験するようになりました。必要に迫られて、自分の意識もどんどん自由度が増しています。

自著『時空を超える運命のしくみ』（青春出版社）では、パラレルワールドの解説をしました。

この本では、新しい時代を楽しむために、「第三の目」＝「松果体」を活性化するにはどうしたらいいのかを、わかりやすく解説していきたいと思います。

肉体の目を閉じることで開かれる「第三の目」

第三の目という言葉を聞いたことがありますか？

チベットの仏画を見ると、仏様のおでこの真ん中に、縦に目が描かれています。これは、**「目の奥にあって、見えない世界を見通す目」で、四次元以上の世界を見ることができます。**瞑想のときに両目を閉じると、自然に開くと言われています。

医学的に言うと、第三の目は松果体で、光を感じる器官です。

また「頭頂眼」といって、昔は頭頂部の体表にあったのですが、進化の過程で脳の内側に移動したそうです。

爬虫類《はちゅうるい》には今も頭頂眼があって、イグアナに見られます。

第三の目は「シバ神の目」とも言われています。

シバ神は金髪で、真っ白い肌をした眩《まぶ》しいくらいに輝く神です。インドのヒンズー教に出てくるとても力強い神様で、古いものを破壊し、新しいものを創造する神です。

実は、私たちも神なのです。

ここで、あなたの「えーーっ」という叫び声が聞こえてきそうですが、私たちの表面意識がいろんな世界をしっかりととらえることができるようになったので、そろそろ大切な宇宙の真理を伝えましょう！

私たちは、もともと光の世界にいました。

約一三六億年前に、ビッグバンでバーーーンと爆発して、個の光となって飛び散りました。それが私たちです。

飛び散っても、光としての特質（虹と同じ七色の光）を持っていて、「思い」ですべてを創造することができる小さな創造主となりました。そして「自分とは何か」「光とは何か」を探究する壮大な旅に出たのです。

それからは個々に、好きなように思いで創造したそれぞれの世界、それぞれの宇宙を作ってきました。そして、自分を見つめる旅を永遠に続けています。

だから、**私たちは、みんな創造主であり、神なのです。**

創造主でない人はいないのです。

ここで、ちょっとミニワークをしましょう。

両手を広げながら、「私は、創造主です！」と、三回唱えてみてください。意識が広がって、松果体が喜んでクルクルまわり出します。

私たちは、みんな創造主であるととらえたほうが、この世のしくみがとてもよくわかります。それぞれの思いで作った宇宙が、個の数だけあるのです。

そしていよいよ第三の目を活性化して、それぞれが創造主であると覚醒するステージを迎えたのです。

これは画期的なことです。

宇宙の真実を多くの人々が思い出すときがやって来たのです。

金髪が好きな人は、自分はシバ神だと思って楽しみましょう！　この思い込みだけで、第三の目がパカッと開きます。

眩しいほどのシバ神との出会い

私が、直接シバ神を見たのは、まだ東京に住んでいた頃、ハワイのカウアイ島に行ったときのことです。

ヒンズー教の寺院を訪れて瞑想していると、ドーンと眩しいくらいの光を放つ、金髪の真っ白い方が登場したのです。

びっくりしていると、その両側に象が二本足で立っていたので、昔ここはサーカスだったのかしら、とさらにびっくりしました。

本当に、びっくりしたゾウ～（象）です！

実は、その日の朝、守護天使の桜ちゃんが、「啓子ちゃん、今日は赤と白のファッションがいいわよ～」と教えてくれたので、白い大きなリボンがついた赤い帽子と、白いブラウスに赤いスカートで行きました。

そこは紅白のカーテンのような垂れ幕に覆われていたので、私はすっかり溶け込みましたが、実は有名なヒンズー教のお寺だったのです。

私は自然に導かれて、大きなクリスタルのクリアクォーツのところで祈りました。

すると、いきなりシバ神とガネーシャという象の神様がイメージで登場したのです。

私はそこにいたフランス人のお坊様に、「ここでお祈りをしたら、このような方々が現れたのですが、どなたでしょう？」と聞いてみました。

「えーーっ、それはシバ神とガネーシャですよ！　自分の師匠は七二年修行してやっと見えるようになったのに、なぜ何も知らないあなたがひょこっと来て、見えてしまうのですか？」

と少し怒ったような口調で答えてくれました。

私は、彼の師匠が瞑想でシバ神を見たときに描いたという絵のポストカードを見せてもらいました。

「そうそう、この人が出たの！　もっと眩しかったけど……」

と私が首をかしげながら言うと、その人は、「まだ、私には出てきてくれないのに……」とぶつぶつ言っていました。

祈りと瞑想を続けていると、きっとベストタイミングで、彼にもシバ神が見えるようになるでしょう！　私に出会って衝撃を受けたことで、見える時間が早くなったかもしれません。

というのも、「師匠が七二年かかったのだから、自分はもっとかかるかも」という彼の頑固な思い込みが揺さぶられたからです。きっと悔しくて早く見えるようになるでしょう。

でも実は、シバ神の姿は出ても出なくてもいいのです。

大切なのは、シバ神の目が第三の目だということです。**スピリチュアルなことを理解し、深めるためには、肉体の目だけでなく、第三の目を活用することで、意識が格段に広がって、世界観が大きく深く細やかになります。**

見たいと強く思って瞑想すると、緊張するので、かえって遠ざけてしまいます。

松果体を活性化して、いろんなイメージが見えるようになるには、リラックスが大切です。**ゆるゆるにほどけて、天真爛漫な気持ちになると、楽に奇跡を引き寄せるのです。**

と言っても、いきなり第三の目を開くことは難しいでしょう。

まず、**潜在意識にたまっている感情のブロックをはずして、解放してリラックスすることが大切です。**

いくら第三の目を開けて、見えない世界を見たいと表面意識が思っても、たとえば過去生で第三の目を使ってスピリチュアルな活動をして、迫害を受けた体験があると、不安と恐怖が残っていて、なかなか開きません。

不安と恐怖の感情を解放することで、ホッとリラックスできます。

そして、やっと今回は開いても大丈夫と思いはじめて、開いてくるのです。

私が行っている「愛と笑いの過去生療法」でも、過去から引きずっている感情のブロックをはずして、人生のしくみの謎解きをお手伝いしていますが、感情を解放をすると、第三の目が開いて、本当に直観でいろんなことがわかるようになってくるのです。

松果体を活性化して宇宙からのメッセージを受け取る

松果体は、脳の中で、いわゆる超能力に関係していて、小さいけれどもとても大切な器官です。

松果体を使いはじめると、いろんな面白い出来事が起こります。

まず、**意識がクリアになって、魂からのメッセージを受け取りやすくなります。**

直観というのは、魂からの直通電話のようなものです。何の根拠もない結論がパッと出てくるときが、魂からの直接的なメッセージ、直観を受け取ったときです。

この直観が、意識をどんどん変えていく早道なのです。

直観が働かないと、長い道のりをゆっくり行く感じですが、直観が働くと、最短距離で行けることになるので、無駄な動きがなくなり、もちろん時間も短縮されます。

そして意識が広がるので、敏感に全体を見渡せて、気配りができるようになります。

一瞬で、広い範囲の状況を把握できるのです。

「はじめに」で話したように、次元は意識の自由度を表しています。

魂と表面意識がつながると、意識の自由度が高まるので、いろんな次元を行き来することができます。多次元的になるのでぐんと意識が広がり、いろんなところへ飛べるようになります。

それなのに自分に主体性がなくなって、「自分はダメな存在だ、権力者の命令に従うしかない」と思っていると、松果体を使う必要がなくなって、どんどん小さくなってしまうのです。

ところが、二万六千年たって、ようやく人々の意識が変わってきました。

「自分の人生の主人公は、自分だ！」

「自分の思いで、人生は作られている！」

と感じられるようになってきました。

しかも、二万六千年周期で、地球の地軸が変動します。だからこそ、意識が大きく変わるチャンスの到来かもしれません。

地軸の変動で、異常気象が起きて、人々にもいろんな症状が出てきています。私もめまいがひどくて、めまいのスピリチュアルな意味がわかっていなかったら、とても心配していたと思います。

めまいは、「これから大きく波動が上がる」ということを意味しています。

目がまわって大変なのですが、実は、未来のお楽しみのサインなのです。

「新時代」とは、「私たちの意識が変わってきて、いよいよ松果体が大活躍するときを迎えている」という意味なのです。

平和へ向かうための、地球の七度目のチャレンジ

「歴史は繰り返す」と言われているように、地球の歴史は、原始的な時代から文明が発達して、科学が原子力を活用するようになると、最後は核兵器で自分たちの文明を壊してしまう……そしてまた、原始的な時代に戻る、という循環を何度も繰り返してきました。

やっと今回の文明は、破壊せずに乗り越えようとしています。

七度目のチャレンジで、やっと平和への道のりが成功するシナリオになっています。

そのためには、意識変革が大切です。

すっかり小さくなってしまった大切な器官、松果体を復活、また活用することによって、人類が本来の力を発揮し、文明破壊の循環を再生に導くという、大切な時代を迎えているのです。

そして、地球の七回目の奇跡を起こすリーダーの役割を担っているのが日本なのです。

松果体が活性化した世界の特徴は、所有という概念がないことです。

日本は縄文時代、約一万年間も平和でした。その後、しばらくして江戸時代になると、子供の笑顔も絶えない、バランスのとれた素晴らしい世界になりました。鎖国のおかげで、平和が保たれ、文化も成熟しました。

愛があふれていて、「私はあなた、あなたは私」という、分離のない世界だったのです。

これから、愛あふれる、みんながやりたいことができるユートピアの世界になっていきます。

意識して松果体を活用することで、どんどん発達して、未知の世界が広がってくると思います。

実際に、過去生療法セミナーのときに、二日目に松果体を活性化すると、参加者の皆さんの額の真ん中から、インディゴブルー、コバルトブルーの光線がピカーと出てきます。

それが第三の目からの光線です。

あなたも今、意識して光らせてみましょう！

右手を添えて、ピカーと言ったときに、五本の指が開くようにしましょう！

「第三の目、ピカー、ピカー、ピカー！」

いかがでしょうか？

額の真ん中が、少しむずむずしてきたら、第三の目が開いてきている証拠です。

私たちは、誰でも第三の目を持っているのです。直観やインスピレーションが冴えている人は、無意識に活用しています。

さあ、いよいよ、正面切って、松果体について語る時代が来ました。日々、松果体のお世話になっている私が、ついに案内を務めることになりました。

松果体ガイドの〃松ぼっくり啓子〃です！　では、まずわかりやすいマンガから紹介しましょう。

マンガ『三つ目がとおる』に見る「第三の目」

今から四五年前、すでに第三の目に注目していた人がいます。

マンガの神様、手塚治虫さんです。

手塚さんは『三つ目がとおる』という、第三の目をテーマにした面白いマンガを描いています。

一九七四年から一九七八年まで、『週刊少年マガジン』に連載されました。

「写楽保介《しゃらくほうすけ》」という気が弱くていじめられっ子の中学生の男の子が主人公です。

おでこの真ん中に、いつも絆創膏《ばんそうこう》をバッテンに貼りつけていて、危ない状況になると、親友の可愛い女の子「和登《わと》千代子」が、その絆創膏をはがすのです。

第三の目が開くことで、とんでもないパワーを発揮して、あっという間に問題を解決します。

このマンガはアニメにもなりましたが、私も大好きでよく見ていました。

私は小さい頃から、いわゆる〝不思議ちゃん〟で、天使や妖精や霊ちゃんが見えていました。その頃は、第三の目のことは知りませんでしたが、ほかの人には見えないものが見えていることは、薄々気づいていました。

ですから、手塚さんの『三つ目がとおる』を見て、主人公に親近感を持ち、「自分も三つ目を持っていて、それを使ったら、とても強くて何でもできるエスパーになる」と思い込んでいました。

懐かしくなって、さっそくアマゾンで探してアニメを見てみました。

写楽くんは、普段は愛があふれた優しい、でも弱い中学生です。

いつも学校でいじめられていましたが、あるとき、和登さんが「絆創膏をはがしたときの顔を見たい」とはがしたら、急に強い男の子になって、町の一部を破壊してしまいました。まさにシバ神の破壊パワーです。

破壊には、必ず再生がセットでついてきます。

写楽くんも、優しく愛あふれる癒しの再生パワーを持っています。

手塚さん自身は「シャーロック・ホームズ」シリーズのシャーロックとワトソンをイメージして描いたようですが、写楽自身はジキル博士とハイド氏のような面もあります。

シバ神の二つの面、破壊と再生ととらえることもできます。

『三つ目がとおる』では、三つ目は写楽とは別人格で、古代マヤ文明の赤いコンドルパワーで、いじめっ子たちをやっつけてしまいます。

絆創膏をはがすことで、第三の目が活性化して、潜在意識に眠っている古代マヤ文明の過去生で使っていた才能が開いて、その時代の人格が表に出てくるという設定なのです。

古代マヤ文明の設計図を描いたり、不思議な装置を作ったり、潜在意識に入っているマトリックスが、勝手に写楽くんの中で、活動をはじめます。絆創膏を取ったときに、チャンス到来とばかりに、計画を進めるのです。

実は、三つ目くんは、過去生のマヤ時代に、第三の目が発達した三つ目族の代表として、現代に蘇るという計画を持っています。

屋上に古代マヤ文明の設計図を描いて、計画を進める手引きにしています。

びっくりのパワーを出すときに、不思議な呪文を唱えます。

呪文は、言霊《ことだま》です。

言霊の力は、第三の目を活性化するスイッチになります。

私も、言霊の力を診療に使ってきました。それについては、またあとで詳しく解説をします。

二〇一二年に「マヤ暦が終わる」つまり「世界が終わる」と勘違いされて、終末論がはやったとお伝えしましたが、『三つ目がとおる』でもまた、古代マヤ文明の話が出てきて、本当に面白いつながりです。

手塚さん自身、第三の目をかなり活性化して、直観とインスピレーションを最大活用して、次々に面白いマンガを描いていました。

手塚さんは、医学博士でもあり、代表作はほかにも『火の鳥』『ブッダ』『鉄腕アトム』『ブラック・ジャック』『リボンの騎士』『ジャングル大帝』などたくさん思い出されます。「生命の尊厳」が手塚さんの作品の中に流れているテーマですが、『三つ目がとおる』では、人間の二面性の面白さが描かれています。

優しくて、弱くて、幼稚で、可愛くて、愛にあふれている写楽くんと、厳しくて、強くて、大人で、かっこよくて、破壊力にあふれている三つ目くん。この対照的な二人は同じ人間なのに、それぞれの表面意識はつながっていないという二面性をしっかりと表現しています。

私たちも、ずっと善悪、男女、プラスとマイナス、光と闇など、二面性の世界を比較して生きてきましたが、いよいよ二面性からの学びが終わり、陰陽統合の時代がやって来た

のです。

いい悪いではなく、両面があって、それぞれを生かし合って、球体をかたち作っていることに気づいてきたのです。

では、第三の目を開けると、二面性だけが現れてくるのでしょうか？　いいえ、実は、いくつもの面を秘めているのです。

次元を超えて多面的に生きる

実は、私たちの人生のシナリオの中には、多面的に生きるしくみが秘められています。意識の自由度である次元が高まってくると、多面的に生きることが可能になるのです。

一面だけだと飽きてくるのですが、二面、三面といろんな世界で生きていると、ずっと面白い状態がキープできます。

過去生の続きを複数で計画しているとき、二面性、三面性、多面性の自分がパラレルに展開していくのです。そのとき、松果体がクルクルとまわって大活躍します。

私のクリニックのケースを紹介します。

過去生にヨーロッパの船乗りの男性だった時代があり、三つの港に現地妻を持ち、家族を持っていたという、まさに三面性の自分を演じていたという女性がクリニックに来ました。今は三人の男性とつき合っていて、なかなか一人に絞れないという、贅沢な悩みの相談でした。

彼女は、性別こそ変わりましたが、過去生の続きをしたくて、似ている現象を体験しているのです。

愛と笑いの過去生療法をして、人生の謎解きをしてみると、潜在意識の感情がたくさん解放されていきました。そして、最終的には三人のうちの一人を選ぶかと思ったら、なんと三人と円満にさよならして、新しい本命の人が現れて、結婚できました。

ヨーロッパ時代の過去生の続きが終わり、今度は別の時代の悲恋の相手を見つけたのです。

もう一例を紹介します。

アラブの商人だった時代に、七人の踊り子をハーレムで楽しんでいたという過去生を持つ女性がいました。今生ではヒーラーとなり、踊り子時代の魂と再会し、今度はちゃんと結婚できるように、魂を癒してあげました。踊り子の魂を無事に結婚させてあげることで、アラブ時代の宿題を終えたのです。今生の彼女自身も、沖縄が大好きだったので、琉球時代の人を引き寄せ、素敵なパートナーが現れました。

ちゃんと、**魂の宿題ができるように、必要な人々と再会できるという、素晴らしい人生のしくみです。**

たくさんの時代の続きを計画していると、多面的な自分が引き出されて、自分は多重人格ではないかと悩んでクリニックに来られる方もいます。

初診で、七つの時代を全部解放した人もいます。それは今回の人生で思い残しのある時代をすべて解放し、もう地球には生まれ変わらないと決めた人でした。

今回、日本に生まれ変わって、それを最後と決めている人は多いのです。

実は、生まれ変わりを永遠に地球で繰り返すわけではありません。

愛の星・地球では特に愛の表現を学びますが、気がすむと、別の星や銀河に移行します。

たとえば、地球の兄弟星である金星での人生は、「人生は舞台」の意識がふつうにあるので、毎朝、「今日の舞台衣装はどれにしようかしら?」と楽しくイメージしてその日の自分の舞台のテーマを決めていきます。

日々の生活は舞台であり、演じて体験しているという「人生のしくみ」をちゃんと、知っているのです。

私は〝ファッションいのち〟ですがそれは金星にいたときの習慣が残っているからです。そして本当に思いだけで人生の舞台を作っているのです。

今回の人生は、総集編の時代、統合の時代を迎えているので、いろんな過去生の続きをしようと、「人生のシナリオ」に、盛りだくさんの体験内容が書かれています。

クリニックに来られる患者さんたちも、魂がどんな過去生を解放するのか決めているので、その時代のファッションを選んで着てきます。

フードがついているパーカーを着てくると、修道士の時代の解放になります。赤いチャイナドレスのような刺繍の上着を着てくると、中国の時代の解放になります。インディアン時代の解放のときには、なめし皮のベージュのファッションを選んできます。

患者さんの魂は、自分で解放したい時代のファッションを選ぶときに、松果体を活用します。

目の奥にアカシックレコードと呼ばれる、〝個人的ツタヤ〟のような魂の歴史の宝庫があり、そこから、ＤＶＤを取り出しながら思い出して、潜在意識から解放する感情をピックアップするのです。

過去生の解放をお手伝いする私も、魂の通訳として、自分の松果体をクルクルまわしながら、患者さんの魂から発信されるイメージやメッセージを受け取って、音声化して本人に伝えます。

そのとき、ハンドヒーリングとヴォイスヒーリングをします。

ハートから出たピンク光線の愛のエネルギーが、手から出て、相手の潜在意識を癒して、ほどいて、たまっていた感情を引き出すのです。

同じくハートから出た愛のエネルギーが、口から出て、即興で歌う愛があふれたヴォイスヒーリングの癒しで、相手の松果体もまわり出します。

愛と笑いの過去生療法が、ずばり、お互いの松果体を活性化していることを、改めて再確認しました。

デカルトが「松果体は、魂のありか」と言ったワケ

今の人類の平均的な松果体の大きさは、八〜九ミリですが、O《オー》-リングテストで調べて

みたら、私は三六ミリくらいだそうです。ちょっと大きめですが、それはずっと活用しているからだと思います。

アトランティス時代の古代人は、直径四センチくらいのピンポン玉ほどの松果体を持っていたそうです。かなり大きくてびっくりですね！　それだけあれば、超能力を発揮できます。アトランティス人は、きっとみんながエスパーだったのでしょう！

松果体は、直観やインスピレーションと密接な関係があります。

松果体が活性化すれば、直観が冴えてきて、効率がよくなり、インスピレーションが湧いてきて、仕事がサクサクはかどります。

フランスの有名な哲学者デカルトも、「松果体は、魂のありか」であり、「直観の座」であると言ったそうです。

デカルトは、笑いの研究もしていて、笑いについての本も出しています。笑いと松果体という、私が注目する分野と一緒なので、とても嬉しいです。

爆笑すると、その振動が石灰化した松果体をぶるぶるとふるわせて、活性化させます。

しかも一瞬で波動が上がるので、一石二鳥です。

多動の子供たちに悩まされている母親が相談に来たとき、子供たちの過去生療法をしました。

　すると、怒りの原因について謎解きができて、子供たちの感情がすっきり解放されて、授業中も落ち着いて集中できるようになりました。

　それと共に、母親も落ち着いてきて、それを見た母方の祖母も受診に来られたことがあります。

　魂からのメッセージや、悩みに関連する過去生のイメージを読み取って伝えるのですが、**「なぜそうなっているのか」という理由がわかると、腑《ふ》に落ちてすっきり解放されるのです。**

　また、松果体を使って、亡くなった方を呼んで、通訳することもあります。

　あるとき、自分が生まれたときに母親が亡くなり、それに罪悪感を抱えている女性が来院されました。

　そこで亡くなられたお母様がどうされているのか、呼んでみました。

　すると、亡くなったお母様がすぐに来てくださいました。

「私はとっくに南米で生まれ変わっています」

「南米のどちらですか？」

「ベネズエラです。今三二歳でとても幸せなので、心配しなくて大丈夫だからと伝えてください」と、びっくりの会話をしました。

「とても彫りが深くて、ボンキュッボンの美しいミス・ユニバースのような女性ですよ！」と伝えたら、びっくりして大笑いになりました。

「何だか力が抜けてしまいました！　今までの悩みがふっとんで、笑うしかありません。母親が自分より若くて幸せに暮らしていたなんて、私も幸せになります。パートナーを探します!!」

その女性は、クリニックを訪れたときとは別人のような明るい表情に変わり、すっかり元気になりました。その後、過去生療法もしましたが、亡きお母様の魂の通訳をしただけで、かなり解決していたのです。

あるとき、行方不明のお兄さんがどうしているか、と沖縄のある家族に聞かれたことがありました。私は探偵でもユタさん（沖縄の霊能者）でもないので戸惑いましたが、そのお兄さんの名前を呼んでみました。でも、来ませんでした。

「生きておられます。沖縄ではなく本土のようですね！」

とわかることだけ、伝えたら、

「それを聞いて安心しました。ありがとうございます！」

と明るい表情になりました。

このように、日常生活でも、松果体は活躍しています。

さらに、いつも龍と交信して仲良くしていると、自動的に〝龍通信システム〟ができて、最適なお天気にしてくれます。

沖縄の恩納村《おんなそん》に作った創造と喜びの広場「海の舞」で、セミナーやイベントがあるときは、最高の天気になるように、第三の目で龍と交信しています。

ドイツに行ったときも、雨や曇りの多い季節だったのに、ずっと青空だったので、「雨や曇りが多いこの時季に、快晴が続くなんてあり得ないです！」と現地の方がびっくりしていました。

また、松果体は、パワースポットを巡るとき、妖精や聖霊たちとも交信してメッセージを受け取ります。

二〇一八年一二月の、カタカムナで巡るイスラエルの旅では、ゲッセマネの園で、直接イエス・キリスト様からのメッセージが降りてきました。

「ユダは私を裏切るという大変な役を引き受けてくれたのだ。ずっと後世まで汚名を着せられるのを承知の上でね」

ユダとイエス様は、無二の親友だからこそ、難しい役を演じてくれたのだと思います。

このように日常的に松果体を使っていると、かなり活性化していきます。

私の場合は、日々松果体を使うことは当たり前のように思っていますが、親友に話してみると、かなりスピリチュアルな意識状態になるようです。

映画『美しき緑の星』の中に出てくる「切断」とは

二〇年以上も前に作られたフランス映画『美しき緑の星』は、公開前に二度テレビで紹介されたあと、なぜか公開禁止になりました。なぜなら、この映画を見ると、意識が素敵に覚醒してしまうからです。

公開禁止になっても何度もネットにアップされては消され、アップされては消され……を繰り返して、逆に二〇年たった今でも、まだ話題になっています。

この映画は、人々が覚醒したら困る〝権力大好きチーム〟のパワーが、アメリカのトランプ大統領の登場で、かなり弱くなってきたので、今では消されずに見られるようになりました。

二〇〇七年に、宇宙の法則である「引き寄せの法則」の本が世の中に出たとき、『The Secret』というタイトルで世界中に広がりました。「これは秘密よ！」と言われるとかえって私たちは、読みたくなります。

同じように、この映画も、「なかなか見られない、すぐに消される！」と言われるとかえって見たくなります。

この映画は、「美しき緑の星　日本語字幕」でネット検索すると、すぐに無料で見ることができます。

なぜ、この本で紹介したかと言うと、**この映画の中に出てくる「切断」という表現が、まるで一気に松果体が最大限に活動するスイッチ**のように思えたからです。

「切断」という訳が、とても印象に残ります。しかも映画の中であまり解説されていないところが、ますます惹きつけられるのです。

映画の中に出てくる「切断」とは、意識が素敵に変わってほしいと思う相手にフォーカスしながら、両手でこめかみを押さえて、カクンと首を縦に倒してうなずくようなしぐさをすると、相手にもカクンと衝撃が伝わって、靴を脱いで、裸足で歩くようになったり、木に抱きついたり、すべてに感謝してキスしたり、踊り出したり、笑顔になったり……と、この世のしがらみにとらわれない、本当にその人がやりたいことが思い出されて、自由な生き方に変わってしまうというものです。

魔法にかかったようにすべての人が本音で生きるようになり、愛にあふれていきます。

この「切断」とは、自分の中にある思い込み、偏見、しがらみ、依存、常識、洗脳、競争、善悪の判断、優劣意識、権威主義、奴隷意識など、それまで形成された自我フレームを「切断」して、松果体ベースの本当の自分を取り戻すことだと思います。

この映画では、平和な星から来た宇宙人の女性と出会い、「切断」された人々が目覚めていきますが、この映画を見ている人も、自分で「切断」できれば、それは解放、解脱になります。だから本当の自分に目覚める映画なのです。

松果体が確実に活性化する映画ですから、ぜひ見てほしいです。そして、周りの人々にも紹介してあげましょう！

私もさっそくフェイスブックでシェアしました。

すると、八ヶ岳の友人からコメントがあり、三か月後に、この映画を作った主演女優でもあるコリーヌ・セロー監督が来日して、八ヶ岳で映画の上演会とお話会があるという情報が入りびっくりしました。素晴らしいシンクロです。さすが、松果体が活性化する映画だけあります。

日本でこの映画のＤＶＤが発売になり、原作の日本語版も出版されました。この映画が日本に広がり、「切断」現象が起きてくると思うとわくわくします。

映画の中で「切断」された人々の楽しい変化（エクスタシーチェンジ）を楽しんでください。

この「切断」のシーンを何度も見るだけで、松果体が活性化してクルクルとまわりはじめます。しっかりと洗脳から解放され、自分の本音を思い出して、本音で生きていきたくなります。

「切断」するときは、両手でこめかみを押さえて、首を前にカクンと倒すのですが、そうすることで、松果体に強い刺激が加わります。

このしぐさは、なんとなく思いついただけなのかもしれませんが、ちゃんと松果体を活性化できるので、理にかなっています。

こめかみ（鉢巻のライン）が、第三の目、松果体を活性化するラインです。

受験生などが「必勝」と書いた日の丸の鉢巻をするのは、ちょうど真ん中にある日の丸のところが、額の真ん中に当たるので、第三の目を刺激して、直観やインスピレーションが湧きやすくなるからです。

「目」と「水」。それが意識と波動を伝えるカギ

また、この映画の中で、地球に来た宇宙人が、もとの星にいる家族と交信するとき、足を水につけて、両手をこめかみに当て、アンテナのようにピラピラさせます。実に面白いです。

これは、水を媒介して、内なる宇宙からワープして交信しているということです。交信には、水のエレメントがとても大切です。

水は、すべての波動を伝えます。

宇宙からお借りしている私たちの肉体も七〇パーセントが水でできています。

そこに、肉体を使う人のエネルギーがプールされています。

江本勝さんの著書『水からの伝言』（波動教育社）にあったように、波動が水に伝わって、それを結晶化してみると、よくわかります。

感謝の波動は、とても美しい六芒星《ろくぼうせい》の結晶になります。

批判の波動は、ぐちゃぐちゃの壊れた状態になります。

水は、すぐに波動に反応するのです。

私たちの肉体は、ほとんどが水で、今の気持ちや思い、思考がすぐに反応して伝わります。気分が悪くなると、波動が乱れます。気分がよくなると波動が整います。

感謝であふれると、美しい神秘図形になって、美しい波動を奏でるのです。

「病は氣から」とは、本当なのです。

『美しき緑の星』を久しぶりに見てびっくりしたのが、オープニングが「目」と「水」の映像だったことです。人や動物の目と、流れる水が交互に映し出されています。

目と水が、意識と波動を自分から世界に伝える大切なものだからです。

改めて、すごい映画だと感動しました。

ちょうどそのとき、私は古代神代文字のカタカムナウタヒ第一五首の絵を描き終わったところでした。カタカムナについては、またあとから詳しく解説していきますが、その絵のテーマは目と水、そして水色の絵だったので、さらにびっくりしました。

この絵は、本書の口絵に載せていますが、見るだけで松果体が活性化します。

「目は心の窓」と言われているのは、目から意識が出るからです。

「私」は「目」なのです。

英語で「I」＝「eye」、そして、「愛」でもあります。

目から愛があふれます。

目で相手にエネルギーを伝えているからです。

目には、肉体の目と、第三の目があります。

「目は、口ほどにものを言う」という格言は、そのものを表しています。

ぜひ、『美しき緑の星』を見てください。あなたの第三の目が振動して、覚醒をうながします。

そして目と水を意識してくださいね！

愛に触れるだけで「第三の目」は開く

愛があふれている人とハグ（抱きしめる）をすると、愛に包まれて、身体の七〇パーセントの水が美しく変わります。

私がクリニックで、患者さんに愛を込めたハグをするのは、この映画の「切断」と同じような効果があるのかもしれません。

ハグで癒される人はとても多いのです。

私もこの人生で、たくさんの人々とハグしてきました。

よほどのことがない限り、あふれた愛が抱きしめた相手を包んで、素晴らしい癒しの効果があります。

よほどのこととは、昔、私が東京に住んでいた時代、私のパワーを全部もらいたいと、まるでプロレスのエビ固めをするかのような激しいハグをする女性がいました。

「激しくハグされると、私のインナーチャイルドの啓子ちゃんが怖がって、ハートが閉まり、かえって愛が届かなくなりますよ!!」

あまりにも苦しくて、とうとうそのように叫んだら、慌ててゆるめてくれました。

ハグは、相手を優しくふわっと抱きしめて、愛で包んで、お互いに愛の循環をすることができます。

札幌の能登谷明子さんは、私の講演会のあと、私にハグされたことでとても癒されたと感動され、その後、講演会の主催者になってくれました。

一〇年間も札幌で講演会やワーク、そしてセミナーも主催してくださいました。本当にありがたかったです。背負うと千手観音になれる着ぐるみを作ってくださって、今でも笑い療法に活用しています。また、この本の出版記念講演会のために、松ぼっくりの冠とすてきな衣装もスタッフの皆さんと作ってくださいました。

たった一度のハグでも、無条件の愛が魂からあふれていたら、大きな感動を与える体験になるのです。

ガチガチになっていた彼女の松果体が、愛で抱きしめられたことで、クルクルとまわりはじめ、本来の使命を思い出して動き出したのだと思います。この本を書くにあたって、しみじみと感動が湧いてきました。

そして、愛があふれるハグもきっと、松果体を軽やかにまわすことができると、直観で感じたのです。

この一人への無条件の愛が循環して、たくさんの人々に愛を伝える講演会やワークへと広がりました。

愛によって、本来の自分自身に気づくと、さらにその人からも愛があふれて、それがどんどん広がっていくのです。

松果体は、子供のときには大きくても、大人になるにつれて小さくなり、一六歳くらいから石灰化がはじまるそうです。

それにも意味があって、その頃から第二次性徴期を迎えて、繁殖期が来ることを知らせているのです。

松果体は、愛のエネルギーに敏感なので、無条件の愛の深さと、包み込む心地よさで、石灰化していた松果体の周りを溶かしてしまいます。すべてに意味があって、そのようになっています。

大人になっても天使や妖精が見える〝不思議ちゃん〟の私は、松果体の石灰化を避けるために、いろんなことが起きました。

幼稚園のとき、母が注いでくれたコップ一杯の牛乳を、なぜか守護天使の桜ちゃんが毎日倒してこぼすのです。

「どうして?」と聞くと、「啓子ちゃんには合わないからね!」と返ってきました。

カルシウムで松果体が石灰化することを、大人になってから知りました。

母は、私の骨が丈夫になってほしいという愛から、毎朝牛乳を用意してくれていたのですが、守護天使が松果体の石灰化を防ぐために、申し訳ないと思いながらも、牛乳をこぼし続けてくれたのです。

ちゃんと意味があって、すべてはうまくいっているのだと、今頃感動しています。

私の人生のシナリオは、松果体をかなり活用するので、そのためにすべてが動いていたのです。

読み進めるうちに、あなたも腑に落ちることが多々あると思います。

すべては、今の体験のために連続して起きてきたのです。自分が選択してきたことが、「これでいいのだ！」と思えてきます。


では、第一章の最後に、楽しいミニワークを二つしましょう！

一つ目は、**パートナーや家族、大好きな友達をハグしてみましょう！**

「生まれてきてくれてありがとう！」

「いつもありがとう！」

「大好き」

など、愛あふれる声かけをしながら、抱きしめます。

愛に包まれて、とても幸せになります。そして、あっという間に松果体が軽やかに動き出して、直観が冴えてきます。

二つ目は、右腕をふり下ろしながら、『天才バカボン』のパパのように、**「これでいいのだ！」と、三回唱えてください。**

「これでいいのだ！」

「これでいいのだ!!」

「これでいいのだ!!!」

あっという間に今までのすべての自分を認めることになり、気分がよくなります。やる気が出てきます。素晴らしい言霊です。

では、次の章から、具体的に、松果体の活性化について話を続けていきます。楽しんでくださいね！

第二章

「第三の目」とは何か

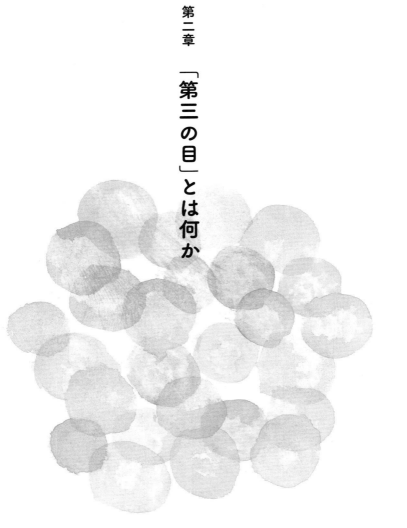

「第三の目」はどこにあるの？

この章では、「第三の目」について詳しく解説していきます。

第三の目は、額の真ん中にあります。眉間の真ん中にほくろがある人は、鏡で自分の顔を見るたびに、第三の目を意識できるので、今回の人生で第三の目を活性化する意欲にあふれています。

第三の目は、実際には額に存在しませんが、第六番目のチャクラ（アージュニーチャクラ）と、第七番目の頭頂部チャクラとつながっています。

では、チャクラの解説からしましょう！

チャクラとは、私たちの「氣」、つまりエネルギーの出入り口です。エネルギーセンターとも呼ばれています。

チャクラは次のように七か所あります。

第一チャクラ＝尾てい骨のところにあり、赤い光線が出ています。勇気、行動、情熱、変革のパワーが出るところです。

第二チャクラ＝生殖器のところにあり、オレンジの光線が出ています。創造、芸術性、冒険、探究、独創性、自由のパワーが出ます。

第三チャクラ＝お腹にあり、黄色い光線が出ています。陽気、協調性、笑い、好奇心、無邪気、知性などの特性があり、インナーチャイルド（幼心、本音）がいるところです。

第四チャクラ＝心臓のところにあり、愛のピンク光線が出ています。宇宙は愛に満ち満ちていますから、ハートで宇宙とつながれる大切なチャクラです。またバランス、癒し、教え、変化、忍耐などの緑の光線も出ています。

第五チャクラ＝のどのところにあり、ブルーの光線が出ています。コミュニケーション、人間関係にはとても大切な場所です。また自己表現や受容、思いやり、平和などの特性を持っています。

第六チャクラ＝**眉間のところにあり、これが第三の目にあたります。インディゴブルー、コバルトブルーの光線が出ています。**敏感、真実を求める意識、直観、インスピレーション、感性などの特性を持っています。

第七チャクラ＝頭頂部にあり、紫から藤色、そして白い光線が出ています。天とつながって、天上界からの素晴らしいメッセージを受け取ることができます。さらに、内なる宇宙ともつながって叡智があふれてきます。

クリスタルチルドレン（インディゴチルドレンとも言われ、敏感で超能力を持っている場合もある）**は、第三の目がかなり活性化した子供たちです。**名前に「クリスタル」とついているのは、松果体がクリスタル化して、進化していることを表していたのですね！

また「インディゴ」は、第三の目から出る藍色の光のことですが、これも第三の目に関係しているからです。

新しい時代にふさわしい、第三の目が活性化した子供たちが、地球を応援するためにどんどん生まれてきているのです。

瞑想を習慣にしている人は、光が強く出ています。

あとで登場する「明想」の達人、上江洲義秀《うえずよしひで》先生のおでこはピカーと光っていて、写真にも撮られています。無限の宇宙と交信し、あらゆる聖人ともつながることができ、オーバーシャドウして、「光話会《こうわ》」で素晴らしい真理を話されます。

上江洲先生は、瞑想に「明想」という字を使いますが、内側から光があふれてきて明るくなる氣がします。

右手の人差し指と中指で、おでこの真ん中を、縦にすりすりとなでてみてください。むずむず感じる人は、もう第三の目が開きかかっています。

眉間に縦にしわがある人は、波動の高いところでは全開し、波動が低いところでは、しっかりと閉めるなど、第三の目をこまめに開け閉めできる人です。

また、おでこが広く輝いている人は、すでにあふれんばかりの光を出して、第三の目を最大に活用して直観で生きている人です。

おでこには、スピリチュアルな働きがあります。

おでこの少し手前二センチくらいのところに空中電光掲示板のような、本音が文字で浮き出てくるところがあります。

魂が、その人の本音を短い文で電光掲示板に浮き出させて、私に教えてくれます。

ある人が「いつ私はうつを卒業するのでしょうか？」と表面意識で聞いてきても、おでこの電光掲示板には、「とっくにうつは卒業！」と大きな字が浮き出ます。

ある人は、「仕事のことで悩んでいます」と表面意識では悩んでいても、おでこには、「すぐに仕事を辞めたい！」とはっきり意思表示されています。

おでこは、第三の目の場所であり、本音が出てくる場所でもあるのです。

ネットに、磁気治療器をおでこに二か月間貼る実験をした人のことが書かれていましたが、二か月後には、少し敏感になったそうです。

インドでは、眉間に赤いシールを貼ったり、赤い印をつけたりする習慣があります。これは「ビンディー」と言って、結婚している女性がつけます。今はおしゃれなキラキラの飾りがついたものもあって楽しんでいます。

ヒンズー教では、額は人間の中枢で神聖なる場所として、特別なのです。

日常で眉間を意識すると、たしかに第三の目にパワーが向けられて、松果体が動きやすくなります。

チベットの仏画には、必ず額に第三の目が、それも縦に描かれています。

「第三の目」はどんな働きをするの？

私が最初に癒しの女神である白ターラという仏画を描いたとき、女神の額に縦に目を入れました。そしてこれが第三の目なんだと、しっかり意識しました。

意識したとたんに、そこからインディゴブルーの光線がピカーと光りました。

そして、両手の平にも、足の裏にも目を描きました。

手の平の目は、ゴッドハンド（神の手）と言われるように、そこから愛のピンク光線が出て、すべてのものを癒します。手で感じ取って、必要なところに愛のエネルギーを注ぎます。

足の裏の目は、場のエネルギーを読み取ります。それによって、チャクラを開いていいのか、閉じたほうがいいのかを瞬時に感じ取ります。

そして**額の真ん中にある第三の目は、今いる時空を感じて、エネルギーを読み取り、宇宙ともつながって、必要な情報とパワーを受け取るアンテナのような働きをします。**

第三の目は、スピリチュアルな人にとってはとても大切なので、積極的に開眼する方法を探究しています。

第三の目は、知覚や認識に関係しているので、ここにエネルギーが詰まると、霞がかかったようにぼんやりとしてきます。目に炎症が起きるなどの症状が出たり、目が下にずれ落ちてきたり、偏頭痛に悩まされたり、身体がだるく重くなったりします。

また、周りの人とピントが合わない、タイミングがずれるなどの現象も起きるので、もしいろいろちぐはぐになって調子が出ないというときは、第三の目が働かなくなってきているると思ってください。

そんなときは、深呼吸したり、横になって休んでください。ゆったり落ち着いてきます。また、「自分はよく頑張った」と自分を認めて、自分へ愛を注いでください。だんだんと調子が戻ってきて、本来のリズムで動けるようになります。

詰まってしまった第三の目が、どうしたら動き出すようになるかは、後半で詳しく解説していきますので、ぜひやってみてください。

第三の目を開眼するために、眉間に穴を開けて、ダイヤモンドや宝石を埋め込む人もいたそうですから、びっくりです。

また、チベットのラマ僧ロブサンの話をチャネリングで書いた本『第三の眼』(光文社)を読むと、選ばれた八歳の男の子、ロブサンが額の真ん中を開けられて、人間の真の姿を見るまでの過程が描かれています。

そこまでしなくても、私たちの脳の奥にちゃんとあります。

松果体は自律神経ともつながっていて、スピリチュアル的にも宇宙とつながっているので、心にも身体にもとても大切な器官なのです。

それなのに、医学部では詳しく教えてもらえませんでした。レントゲンで、白くポチッと見えたのが、あとで石灰化した松果体だとわかったくらいです。

松果体は、クリスタルと同じケイ素（Si）でできています。

クリスタルが大好きな私は、脳内にクリスタルの玉をすでに持っていることを知って、大感動しました。

クリスタルは地球の細胞

クリスタルは、地球の細胞です。

〝地球服〟である私たちの肉体に、地球の細胞と同じ成分のケイ素を持った松果体があるということは、地球の意識（テラ）ともしっかりとつながることができるという、素晴らしい構造です。

私はクリスタルが大好きです！　診療室にはたくさんのクリスタルが飾られていますが、それは私の相棒たちです。「医師が石にはまって、さぁ大変」という状態です。

私が患者さんのために直観で選んだクリスタルを両手に持ってもらうと、身体や精神をブロックしているエネルギーがクリスタルに吸い取られ、癒される効果があります。

また、クリスタルの色と同じエネルギーセンターを活性化させる働きもあります。

私はさらにアロマ（香り）も使って、その相乗効果で、患者さんの潜在意識にたまっている感情を大解放します。

するとエネルギーの流れがとてもよくなり、すっきりして、大切な松果体がまわりはじめるのです。

生まれたときの松果体は比較的大きいそうです。何もいない空中を見て笑ったり、泣いたりしている赤ちゃんは、守護天使や霊ちゃんが見えたり、対話したりしています。松果体が働いていて、見えない世界を見ているのです。

生まれてくる赤ちゃんはすぐには話せないので、守護天使とテレパシーで話ができるようにと、大きめの松果体で生まれてくるのです。

大人になるにつれて、松果体は小さくなって、守護天使は見えなくなり、霊ちゃんも敏感な人以外は見えなくなります。

見えない世界を見ることを仕事にする人は、松果体の働きが活発になるように、思春期の頃から環境や状況を作る段取りをします。

私の場合は、二歳からはじまっていました。緻密《ちみつ》な計画で、ここまで来ています。だから、スピリチュアルにいろいろ感じるのだと思います。

医学的に見る松果体の働き

松果体は、まず解剖学的にどこにあるのでしょうか？　松果体は、脳梁《のうりょう》の前縁部真下付近にあって、身体の正中線上にあります。

脳の中の右脳と左脳をつなぐ脳梁と呼ばれるバイパスで、情報が行き来しています。スピリチュアル的には、宇宙から信号を受け取り、伝える役割を持っています。

発生学的には、人類の進化過程で、頭頂眼と呼ばれるところが、実は頭頂の表面近くにあったそうです。それがだんだん内側に入っていき、とうとう内部にまで入り込みました。それが松果体です。

身体的には光を受けて、メラトニンというホルモンが分泌されるところです。

メラトニンは、睡眠、抗酸化、免疫機能を担当するホルモンです。ですから、松果体が小さくなると、メラトニンの分泌が減少するために、なかなか寝つけなくなります。

メラトニンは人の体内時計と関係していて、光の量で分泌量が調整されます。

光が強く入ってくると、メラトニンの分泌量が抑制され、光が少なくなると、分泌量が増加します。それによって脈拍や体温が下がり、活動がゆるやかになります。次第に寝る準備をしているのです。

照明が明るい部屋で夜更かしをしていると、メラトニンの分泌が抑制されるので、眠れず興奮した状態になって、活動過多になります。

夜更かしが続いて睡眠が少なくなると、体調がおかしくなるのは、このようなしくみになっているからです。

夜は、間接照明に切り替えて光の量を少なくすると、自然にメラトニンが分泌されるので、そのままベッドに入ると熟睡できるのです。

また、**松果体はメラトニンだけでなく、幸せを感じるセロトニンという素敵なホルモンも分泌します。**

さらにジメチルトリプタミンという幻覚を生み出すホルモンも分泌しているそうです。

これらのほかにも何か生み出しているかもしれません。それほど、この小さな松果体は、神秘的で、素晴らしい働きを秘めています。

松果体は小さな器官ですが、表面意識と内なる宇宙をつなぐ、大切な内分泌腺なのです。

松果体を鈍らせる生活をしていませんか？

松果体の活性化を妨げるのは、石灰化です。

食品添加物や農薬、タバコ、特にフッ素で塩素は、松果体を石灰化させると言われています。ワクチンに含まれる水銀も石灰化を招きます。

フッ素加工されているフライパンも、できれば避けたほうがいいと思います。

歯科に行くと、虫歯予防にフッ素でコーティングしてくれますが、大切な松果体が働きにくくなるという面もあるのです。

私はそれを知らずに歯のお掃除のあと言われるままに、フッ素を塗ってもらっていましたが、それでもずっと過去生療法で、松果体を活用してきたので、あまりフッ素の影響はなかったようです。きっと石灰化よりも活性化のほうが、断然強かったのでしょう！

虫歯予防よりも、松果体の石灰化予防が大事だと思う方は、これからは松果体のためにフッ素のコーティングはお断りしてくださいね。

「やっぱり虫歯予防をしたい」という方は、もちろん、お好きなように！

「ふっ、その手がありましたか！」とギャグを言えば、笑いのパワーでマイナスは吹き飛ぶかもしれません。

小児歯科医の先生がセミナーでこの話を聞いて困っておられました。でも、感謝してフッ素を使えば、もしかすると松果体の石灰化は遠慮してくれるかもしれません。

すべてのものは意味があって存在するのですから、自分の世界観の中で、どちらを選ぶのかは自由選択になると思います。

究極は、「お好きなように〜」です。

そろそろ、今までのいい悪いという二元的な世界から、陰陽統合のゆるゆるの世界に突入なので、何でもいいんよう〜です！

松果体のかたちは、まさに松ぼっくり！

松果体は、松ぼっくりのようなかたちをしています。

松ぼっくりのかたちはフィボナッチ数列という黄金比になっているので、宇宙のエネルギーとつながりやすいのです。

フィボナッチ数列とは、イタリアの数学者フィボナッチさんが見つけた宇宙の渦巻き状の黄金比の数列で、〇、一、一、二、三、五、八、一三、二一、三四、五五、八九、一四四、二三三、三七七、六一〇、九八七、一五九七、二五八四……と、前の二つの数字を足していく数列です。

松ぼっくりを見るだけでも、自分の松果体が活性化します。

過去生療法セミナーのテキスト作りのときに、いろいろ調べてみたら、世界中に松ぼっくりにそっくりな飾りがわんさか出てきて、本当に驚きました。

なんと宗教界でも、大きな松ぼっくりが飾られています。

カソリックの総本山のバチカンの広場にも、ドーンと階段のところに松ぼっくりの石像があります。

何度もバチカンには行っていますが、知らずに見過ごしていました。もったいなかったです。

これからバチカンに行く方は、ぜひ松ぼっくりの大きな石像を見てください。松果体がびっくり感動して活性化します。

広場だけでなく、ローマ教皇が持つ杖の先にも、松ぼっくりがついています。

それだけカソリックでは、松ぼっくり（松果体）がとても大切であることを知っているのです。

スペインのバルセロナから車で一時間ほどのところにあるモンセラットという不思議な岩場には、マグダラのマリアの素晴らしい大聖堂があります。宿泊施設もあって、朝になると教会の鐘の音で起きられるおすすめの場所です。そこにも松ぼっくりがありました。

ここで感動的な体験をしました。

早朝のモンセラット大聖堂で、私がヴォイスヒーリングをしていたら、パイプオルガンの練習に来た修道士さんが、遠く上のほうから私のヴォイスに合わせて伴奏をしてくれたのです。とても気持ちよい至福体験でした。

お互いの松果体が同じ周波数でまわっているのを感じました。そうでないと、即興のヴォイスヒーリングに、伴奏はできません。

私がヴォイスヒーリングを終えると、大聖堂の上のほうから拍手してくださいました。「あっ、知っているこの魂さん、過去生でモン・サン・ミッシェルの修道院で一緒に歌っていた修道士仲間だった〜」と懐かしく思い出して、感謝を込めて手を振りました。

愛を込めて即興で歌うヴォイスヒーリングは、松果体が活性化します。

おっと、思い出話に花が咲いてしまいました。本題の「松ぼっくり探し」に戻ります。

アメリカの連邦議会の議事堂の天井画にも、松ぼっくりが描かれています。

さらにヨーロッパの建物の屋根や照明器具にも多く見られますし、またブータンにも大きな松ぼっくりを使った飾りがありました。

ブータンに行ったときは、大きな細長い松ぼっくりをたくさんもらってきました。雨に濡れた松ぼっくりを拾いまくる私を見かねて、運転手さんとガイドさんが竹竿で叩き落として、新しく綺麗な松ぼっくりをくれました。「松ぼっくり〜、ああ松ぼっくり〜」と一緒に歌ってくれました。

古くは、**エジプト時代のホルスの右目が、松果体の周辺と似ていることで有名です。**

数年前に、雑誌『ムー』で、五センチ×八センチの大きさのプラスチックでできたホルスの右目の印が付録になったことがあり、それを手に入れるために、守護天使から定期購読を勧められたことがありました。

手に入れたホルスの目は、いつも筆箱に入っています。そしてそのモチーフを、マゼンタ色のノートの表紙に描いて、松果体についての情報を集めて書き写しています。それがこの本を書くヒントとして役だっています。

五年前に、ファンの方から大きな松ぼっくりのクリスマス飾りをいただいたことがあります。スプレーで塗られ美しい金色に輝いている松ぼっくりでした。

上江洲義秀先生と木村悠方子《まさこ》さんとの新春コラボ講演会を東京で行ったときに、私は大きな松ぼっくりを左手に持って天使の姿で登場しました。右手には、松果体を活性化するユニコーンの角のような、渦巻きのセレナイトがついたインディアンのクリスタルワンドという、びっくりのいで立ちでした。

「今年は、エネルギーとしてゴールドの年です。そしていよいよ私たちも頭の真ん中にある松果体という直観やインスピレーションを活性化する大切な器官を意識して、目覚めるときがやって来たのです。このゴールドの松ぼっくりのように、私たちも、松ぼっくりを持っています。今日は、みなさんの松ぼっくりを活性化します！」と言って、クリスタルワンドの渦巻きセレナイトを向けて、三〇〇人の松果体（観客）目がけて、〝活性化ビーム〟を発したのを覚えています。

昔のジュリー（沢田研二）のかっこいい歌『サムライ』を歌っている気分でした。

「片手に松ぼっくり、もう片手にクリスタルワンド、あなたの松果体を活性化します～ああ～ああ～ああ～ああ～第三の目を開いて、自分の人生の主人公になるのよ、あなたがすべてを決めるの、他人に決めさせないで〜〜〜」

とジュリーのように熱唱したいところです。

ジュリーと言えば、ジュエリーやアクセサリーにも、松ぼっくりが世界中で使われています。

"予定されていた"ツインソウルとの出会いと展開

クリニックにいらした患者さんで、二六年間もオーストラリアに住んでいた女性のケースを紹介します。過去生を診たら、やはりアボリジニでした。真っ赤なエアーズロックが背景に出てきました。

「昔、アボリジニのときにエアーズロックが大好きだったので、エアーズロックに行くといいですよ。行ったことはありますか？」と聞くと、すでに二九回も登ったそうです。

「それはすごいです！　おそれいりました！」

私はひっくり返りそうなくらい、びっくりしました。

私はこの本を書きながら、アボリジニのことを知りたいと思って、二四年前ベストセラーになった面白い体験本、マルロ・モーガン著『ミュータント・メッセージ』（角川書店）を読みました。衝撃と感動の本です。

アメリカ人の女性が、アボリジニの若い人々の応援プロジェクトを成功させて、そのお礼にとアボリジニの人々に招かれ、スーツ姿で会いに行きました。素敵なセレモニーに参加するのだと思っていたのです。

ところが、予想外のおもてなしが待っていて、持っているものをすべて捨てられて、素朴な服に着替えさせられ、アボリジニの人々と一緒に砂漠を歩いて、自然の恵みをもらいながら生きていくという、貴重で衝撃的な体験をします。

筆記用具もなかったのに、克明に書かれた内容にびっくりしました。

この強烈な体験は、聖なる時間となり、しっかりと魂の記憶に刻まれるのだとしみじみ思いました。

彼らは直観だけを頼りに砂漠を歩き続け、カンガルーやラクダ、大蛇に出会い、そのいのちをいただきながら生きていく様は、現代社会ではなかなかできない体験です。

蜜をたくさん持っている大きなアリを口に入れて、蜜だけ吸って捨てるのが、スイーツだったりします。

水筒の代わりに動物の膀胱《ぼうこう》を活用したり、寝るときはなめし皮を敷いたり、アンビリーバボー！　な世界が展開します。

一番びっくりしたのが、彼女と同じ日、同じ時間に生まれたツインソウルのアボリジニの男性がいて、五〇年後に会うようになっていたことです。

そのために、彼女は呼ばれたのです。この珍しい体験は、予定されていたのでした。

私も、誕生日は違いますがツインソウルとの再会が予定されていて、劇的な再会と展開を経験しました。

ある講演会に参加したときのことです。思いがけず、講演者に呼ばれて、私は壇上に上がり、過去生療法の解説をしました。ほんの数秒、ヴォイスヒーリングをしたら、ツインソウルが震えて何かを感じたようです。

そのツインソウルは、私の席の近くに座っている女性でした。

講演会が終わったあと、自己紹介をし合ってから急激に仲良くなり、今では毎日のように電話で日々の体験をシェアして、励まし合っています。

さらには、上江洲先生や仏像彫刻の紺野侊慶《こうけい》先生など、いろんな大切な人々を紹介してもらって、思いがけないダイナミックな人生に発展しています。

ツインソウルの彼女の夫はオーストラリア人で、オーストラリアとのつながりが深いので、きっとアボリジニの時代は、一つの魂だったのではと思います。

彼女もモーガンさんの本を、二〇年前にすでに読んでいました。いつか私も懐かしい魂のふる里に行くかもしれません。楽しみです。

ツインソウルとの再会は、大きく世界観、人生観を変えます。

モーガンさんも、アボリジニの部族と人生を共に過ごしながら、絆を深め、秘密の場所にも招かれて、素晴らしい体験をしました。

ツインソウルとの交流によって、もとの都会に戻ってからはその体験を本に書き、講演してまわって、大きく人生が変わりました。

松果体は、テレパシーの受信機

松果体は、テレパシーの受信機なので、スピリチュアル的に、とても大切な場所です。

すべてのものには、意識があって、テレパシーで対話ができるのです。

まず、「すべてのものと対話ができる」と思ってみてください。

花でも木でも、石でも、もちろん大好きなペットとでもです。

その昔、北米のインディアンやオーストラリアのアボリジニなどは、テレパシーを使って交流していました。

インディアンのいろんな部族の長は、テレパシーで交信して会合に集まり、火を囲んで無言の話し合いをしていました。テレパシーで話し合い、終わるといっせいに立ち上がりました。

部族の言葉はみんな違うので、テレパシーを共通語にして、コミュニケーションを取っていたのです。

私は過去生でインディアンの時代が九回もあったので、そのなごりで松果体を最大に活用できているのかもしれません。今生でもインディアンの聖地のセドナやシャスタに何度も訪れています。

まだオーストラリアには行っていないのですが、エアーズロックの写真を見ると懐かしく感じるので、きっとアボリジニの時代もあると思います。

自然界の中では、テレパシーがより感じやすく、どんなに離れていても、すぐそばにいるかのように交信ができます。

実は、今使っている**携帯電話やスマートフォンは、テレパシーで交流する練習をしているのです。**

えっーー！　と、びっくりする方もいると思います。やがて、携帯電話はどんどん軽量化されて、そのうち耳にかけるサイズになって、最後は私たちの誰もがテレパシーで交流できるようになると思います。

現代人はスマホ中毒になっていて、脳によくないという話もあります。たしかに、電車に乗ると、みんなスマホを見ています。仲間と一緒に乗り込んでも、話すこともなくメールに夢中です。

ところが、**物事には陰陽両面あると言ったように、スマホは、脳の活性化もしています。**もちろん松果体もです。

私も実はスマホが大好きで、自分で描いた千手観音の仏画もスマホを手に持たせています（「天の舞」のショップに飾ってあるので、ぜひ見てください）。

スマホの無料ゲームにも一つはまっていて、気分転換に活用しています。ユーチューブにもはまっています。毎日、日記のように写真も撮っています。

フェイスブックは、守護天使のおすすめでおそるおそるはじめましたが、今では毎日のように活用しています。

何か知りたいことがあると、すぐスマホで調べていますし、**必要な情報は、ネットを通じて直観として守護天使が教えてくれます。**

すべてが今の社会だからこそできる体験なのです。

この世で大切なのは、体験です。体験を通して、いろんな気づきと学びがあるからです。

次元上昇のカギは好奇心！

どんどん意識して、テレパシーを使っていると、さらに松果体がクルクルとまわり出して、テレパシーを活用する現象が増えてきます。

テレパシーは、ペットで練習することができます。

ペットとしっかりと交流している人は、自然にテレパシーの練習ができていて、状況を読み取るのが得意かもしれません。

特に猫ちゃんは、とてもスピリチュアルで繊細です。テレパシーで話すことができます。

もしかしたら猫ちゃんの松果体は、人よりも少し大きいのかもしれません。

我が家の新顔猫の桃ちゃんは、必ず私の胸のところ、ハートチャクラの上に乗っかって、なでなでを求めてきます。直接愛のエネルギーをチャージするのが大好きです。幸せの重みを感じます。

逆に、私が落ち込んでいたりつらいときには、桃ちゃんがハートを癒してくれます。お互いに素敵な相棒になっています。今も膝の上に乗っています。

このように、お互い〝ツーカー〟の仲になってくると、どんどんテレパシー通信ができてきます。

あなたも、ふとその人を思ったときに、すぐに現れたり、電話がかかってきたり、メールが届いたりしませんか？　日常でそういう現象が多発してくると、すでにテレパシーを活用している段階に入っています。

そのような体験が重なってくればくるほど、ますます活性化して、それまで、フッ素、塩素、食品添加物、汚れた空気、常識などで石灰化して固まっていた松果体が、ゆるゆるにほどけて、本来の松果体に戻ってきます。

やわらかく新鮮な松果体に戻ってくると、だんだんと大きくなってきます。

松ぼっくりの**フィボナッチ数列が動き出して、宇宙とつながり、その数列の振動がその**

ときに必要な数列を呼び、情報やエネルギーが引き出されてくるのです。

直観やインスピレーション、何か創造するもののイメージが出てくるのです。

創造性が引き出される状態になってくると、もっと奥深い宇宙へと段階が進み、思いがけない世界へとつながっていきます。

生活の中に、違う色合いの感覚が広がってくるとき、次元が変わるのがわかります。まさに次元上昇、アセンションです。

そのためには、大いに好奇心を持つことが大切です。

いろんなものに興味を持って、面白がることです。

好奇心はどこから発動するかと言うと、お腹にいるインナーチャイルド（幼心、本当の気持ち）です。

我慢したり、自分の本当の気持ち（本音）を表現していないと、インナーチャイルドが悲しんだり、怒ったりして、最後にはすねて元気がなくなってきます。

そうならないためには、常にインナーチャイルドを元気にするメニューを用意しておくことが大切です。

インナーチャイルドが元気になるメニュー

我が家の先住猫の花ちゃんは、食欲が第一ですが、新顔の桃ちゃんは、スキンシップが大好きです。食欲よりもスキンシップが優先なのです。

私は、食べることもスキンシップも、両方大好きです。

心身共に疲れたときは、アロママッサージで癒されていますし、大好きな食べ物でも癒されます。ゆで卵を食べると、インナーチャイルドが癒されて、元気いっぱいになります。

自分のインナーチャイルドが元気になるメニューを知っておくことは、第三の目を活性化するためにとても大切です。

第一章でも解説したように、人の言う通りに動いて何も考えないで生きている人は、第三の目が完全に閉じています。

人生は、思考（意思）で作られているのですが、まったく思考を生み出さないので、自分の人生を作ることができません。言われるままに、惰性で動いているだけです。

これは、自分の意思がない、奴隷的な人生です。古い生き方です。

それも体験ですが、これからは、自分の意思が大切なのです。

それには、自分の好き嫌いが大切になってきます。

奴隷的な人生では、人の言う通りにしてばかりいるので、「自分で決める」「自分で考える」という習慣がありません。でも、これからは、自分の意思で様々なことを決めていきましょう。

何でも自分で決めて生きている人は、自由人です。確実に、松果体が活性化しています。

自由人は、何にもとらわれず、自分の好きなことをして、常にリラックスしているので、松果体がクルクルと楽しそうにまわっています。

好奇心が旺盛で、常に何か面白いことはないか、とアンテナを立てています。そういう人は、目がキラキラ輝き、ニコニコと優しい波動を顔全体から発信しています。

また、視線があちこちに移るので、意識もあちこちに飛びます。意識が向いたところにエネルギーが注入され、それを自分の世界に取り入れて、創造性のパワーを発揮します。

きっと、あなたも絶好調のときには、自由人として、ニコニコ楽しく活動できていると思います。それぞれの元気になるメニューがあるのです。

自分が元気になるメニューを知っていれば、不調になったときも慌てず、すぐに本調子に戻ることができます。

元気が出る食べ物や音楽、大好きな人との食事、元気な人との会話など、パッと思いつくメニューをいくつも用意しておきましょう！

たとえば、私のインナーチャイルドがあっという間に癒されて、元気になるメニューを紹介しましょう。

1）好きな人と話す、食べる、笑う、歌う
2）花を見る、花を部屋や頭に飾る
3）座禅や瞑想をする
4）絵を描く・仏像彫刻をする
5）アロママッサージを受ける
6）海を見る・海に入る
7）本を読む、書く
8）感動的な映画を見る
9）猫の花ちゃんや桃ちゃんとスキンシップ
10）好きな音楽を聴く、音楽に合わせて踊るまだ、いろいろありますが、日常的な一〇項目にしぼってみました。

あなたも、お気に入りのノートにさっそく書いてみましょう！　意識にのぼることで、すぐに実行できるようになります。

そして、インナーチャイルドの癒しのメニューが、そのまま松果体を活性化するメニューになっていることに気づきます。

奇跡や不思議な体験を共有できる友達を持つ

私は、「天の舞」の「天使ルーム」で、スピリチュアルなアロマセラピストの友人に、大好きなアロママッサージをしてもらい、とても深い癒しをもらっています。

大きなイベントのあとは、必ずメンテナンスとして施術をお願いしています。彼女は何も言わなくても私のエネルギーの状態がわかるので、彼女の松果体もかなり活性化しています。

松果体が同じくらい活性化している友達がいると、スピリチュアルな会話が弾み、一人では解明できなかったことがクリアになっていきます。

まずは、インナーチャイルドの癒しのメニューが似ている人を見つけましょう。そして、一緒に食事をしたり、映画を見たり、旅をすることで、どの程度話せるのかを感じます。人によって得意分野が違うので、この領域はこの人、この分野はあの人、というように、何人かを知っていると、人生の幅が広がって、人生の探究が一気に進みます。

先述したように、私はツインソウルとは、毎日のように電話で体験をシェアできて、とてもありがたいです。

また宇宙イルカをチャネルする親友とは、宇宙人の体験をシェアできて、不思議な出来事も日常生活の一部になります。彼女はベストタイミングに、ハワイやシャスタを案内してくれます。龍友でもあり、座禅断食会での龍体験をふつうに会話できるのでとても嬉しいです。

たとえば、こんな会話になります。

「この間、モニュメント・バレーに行ったら、たくさん宇宙船が来ていて、びっくりしたの！」

「本当ね、すごいカラフルで、いろんな星から集まってきている〜！　一時は、インディアンと白人の激戦地で波動が下がったけれど、太陽パワーで最近上がってきたのね〜、素晴らしいわ！」

「やっぱり、そうよね〜、確認できてよかった！」

「あそこは、インディアンの聖地でもあり、宇宙船の集会所でもあったから、今地球が大変なので、様子を見に来て話し合っているのね〜、ありがたいことだわ」

「いよいよね！」

「そう、いよいよなのよ！」

とこんな感じで、面白い会話がはずみます。

また最近、宇宙人化してきた親友とも、ますます宇宙的な会話がはずみます。

「最近、左目が宇宙人の目になってきているの。ほら、変でしょう？」

「本当に左目の瞳が異常に大きくなってきているわね！　宇宙とのつながりが濃くなっているわ！」

「毎晩、寝ている間に宇宙に完璧に飛んで、すっかり癒されて帰ってきているのがわかるの」

「素晴らしい！　だから超人的に活動できているのね！　第三の目が大活躍している〜」

という感じです。

自分の体験を安心して語れる親友を作りましょう！

自分の一部を共有できればいいのです。すべてを共有できなくても、ある面だけでも共鳴すれば、氣が合います。

また、「素敵な友達ができる」と思っていると、宇宙が用意してくれます。「自分には友達ができない」と思うと、見えないけれど強く感じられるエネルギーの壁が自分の周りにできて、誰も近づけなくなり、友達はできません。

本当に、自分の思い次第です。

松果体を活性化すると「第三の耳」も開く！

感動的な音楽は、直接松果体に影響を与えます。

法律で象牙の取引が禁止されましたが、「天の舞」のカフェには最後の象牙を鍵盤《けんばん》に使った貴重なグランドピアノがあって、私はときどき弾いています。

今は大好きなフジコ・ヘミングさんの『ラ・カンパネラ』（リスト）、『亡き王女のためのパヴァーヌ』（ラヴェル）、『ため息』（リスト）、『ノクターン第二番』（ショパン）、『愛の夢』（ショパン）、『革命』（ショパン）などを聴きながら本を書いています。

ＮＨＫのドキュメンタリー番組で、猫二〇匹と暮らしながら、ピアノを弾き続けるフジコさんの魅力的な生活が紹介されて、人気が爆発しました。

最晩年に花開くという不思議なピアニスト人生です。今はパリと日本を半々で暮らす夢が叶っています。素晴らしいです。

技巧よりも音色に魂を込める偉大なるアーティストであり、松果体がとても活性化したピアニストです。

宇宙とつながっているので、魂に音色が深く沁《し》み込んでくるのです。

コンサートを聴きに来る人々のエネルギーも感じながら演奏するので、共振共鳴が起こってきます。観客も、自分のための演奏のように感じることができるようになります。

このように、つながりの密度が濃くなると、懐かしい過去生のイメージまで出てきて癒されるのです。

フジコさんは、聴力が健常の四分の一しか働いていないのですが、風邪を引くと、さらに聴力の働きが鈍くなります。私も生の演奏を聴きに何度かコンサートに行きましたが、ちょうどフジコさんが風邪を引いていて、ほとんど耳が聞こえないときがありました。そのときは、「第三の耳」でピアノを弾いていました。

わぉ!! 「第三の耳」です! 新語が登場しました。

これは心の耳です。スピリチュアルな耳で、肉体の耳では聞こえない超音波まで聞くことができます。ということは、フジコさんは、心の耳にも響く、癒しの超音波があふれる音を弾くことができるのです。

第三の耳は、肉体の耳の下の、くぼみのところにあります。ここが詰まると、傾聴ができにくくなります。

クリニックに、職場の上司に怒鳴られている間、心の耳も閉じているという方が来たことがありました。過去生で怒鳴られた経験がトラウマ（心の傷）になって、第三の耳が閉じてしまっているのです。

潜在意識にたまっていた感情を解放して、すっきりすると、第三の耳が開いて、傾聴がしっかりできるようになります。

あなたの第三の耳は、大丈夫ですか?

両手の人指し指と中指を、左右の耳の下のくぼみに持っていって、軽くもんでみましょう! イタ気持ちいいところがありますか? もしあったら、ちょっと詰まっていますので、ほぐしてあげてください。

何度も聞き直さなくても、すぐに聞き取れるようになるので、人間関係が楽になります。お試しくださいませ。

全盲のピアニスト、辻井伸行さんの音色も、透明感があって美しいです。フジコさんのように、耳が聞こえないことは、ピアニストとしてかなりのハンデですが、辻井さんのように、目が見えないということもとても大きなハンデです。

それでも乗り越えて、今では世界的なピアニストとして大活躍しているのは見事です。ベートーベンのピアノ・ソナタ『月光』を聴くと、月の光が本当に見えてきます。そこに月がなくても、魂が記憶している月の光が映し出されて、いろんな月の光が見えるのです。繊細な指のタッチが優しく月の光を奏でています。

辻井さんは、自然界の音の作曲もします。自然をそのまま美しく描いて「音による自然界の絵」を見事に表現するのが得意です。

辻井さんが演奏するとき、首を振る動作をしますが、これは松果体を活性化しています。

スピン運動は、ずばり松果体の活性化です。

スピンは、宇宙の基本的な動きです。銀河も渦巻き状です。松果体もエネルギーとして渦巻き状にスピンしています。

宇宙のスピンエネルギーがしっかりと演奏の響きにも込められていて、辻井さんのピアノ演奏は、聴くだけで松果体が活性化され、内なる宇宙へ飛ぶことができます。

また、私たちは、ときどきビクンと身震いすることがありますが、これは、エネルギーが身体にドンと入ってきて、松果体にビクンと大きくスイッチが入るときなのです。

米《よね》津《づ》玄《けん》師《し》の曲で「第三の目」が開く!?　奇跡の周波数

最近、宇宙人系のピアニストの演奏も聴くようになりました。

ユーチューブを見ていると、いろんな宇宙人たちが、地球人に交じって、地球の大きな変動を助けるために活躍しています。

第一章にも書いたように、今回こそはこの文明を壊したくないという宇宙の思いがみんなに共振して、それぞれの持ち場で、ユートピア活動が盛んになってきているのです。

いろんな宇宙人が私たちに必要な周波数、つまり大事な松果体を活性化する周波数を発してくれています。

二〇一八年暮れのＮＨＫ「紅白歌合戦」で、はじめてテレビで歌ったというびっくりの歌手、米津玄師さんもその周波数で歌っていました。

私はこのときはじめて米津さんを見て、自分の松果体が反応したのでびっくりしました。それからユーチューブの動画を見てはまりました。『Lemon』『Flamingo』『パプリカ』などの代表作をぜひ聴いてみてください。松果体にビンビン来ます。

米津さんの曲が若い人々に大人気なので、若い人々の松果体が活性化されてとても嬉しいです。

壮大なスケールで宇宙と生命の神秘を描いたアニメ映画『海獣の子供』の主題歌『海の幽霊』もテーマにぴったりで、松果体に響きました。

「第三の目」を活性化する周波数は、八五二ヘルツ、あるいは九六三ヘルツとも言われています。

第六チャクラと第七チャクラに関係しているので、両方かもしれません。

周波数については、また次の章で、解説していきますが、心地よいと感じる周波数が、今あなたに必要な周波数です。

また、紅白を見て衝撃を受けたのが、Ｙｏｓｈｉｋｉ・フィーチャリング・サラ・ブライトマンの『Miracle』という歌です。

サラ・ブライトマンがピアノの上に乗って、Ｙｏｓｈｉｋｉのピアノ演奏で歌うのですが、時空が変わって、不思議な世界になりました。

紅白とは思えない世界を作ったのが、米津さんとこのお二人でした。

強烈に第三の目を刺激するこの音楽の効果は、二〇一九年の年明けからすでにはじまっていると思います。

音楽は影響力が強いので、これからがますます楽しみです。

「第三の目」で見える世界は、あなたの周波数が作り出す世界

私が東京に住んでいたとき、私が見えない世界をいろいろ見えることを、しきりに羨ましがっていた友達がいました。

「啓子さんのように見えるようになりたい」と言い続けるので、ついに「少しだけ体験してみる？」と聞いて、そのように祈ったら、一秒ももちませんでした。「もうやめて！」と彼女が叫んだので、もとに戻れるように祈ったら、また見えなくなったということがあ

ります。

それ以来、彼女は、二度と、「見えるようになりたい」と言わなくなりました。

彼女は、天使や妖精が見えるようになりたかったのですが、きっと希望しないものを見てしまったのでしょう。自然が豊かなところですればよかったのに、それをしたのは都会の居酒屋でしたから、波動が低くなりやすかったのだと思います。

彼女は、過去生で縁のあった霊ちゃんを見て、びっくりしたのです。そのとき、その一瞬の確認で、私は光で霊ちゃんを包んで、光へ帰るお手伝いをしたのです。これを「光の仕事」と名付けて、代表作『人生のしくみ』（徳間書店）で紹介しました。

若い頃はとても無謀で、そんな実験もやってしまったことがありました。

第三の目で見ている世界が、今自分の周波数でつながっている世界です。

明るくめでたく思っている人には、素敵な楽しいわくわくの世界が展開します。

これから世界はますますおかしくなって悲惨になると暗く思っている人の世界は、その通りに悲惨な世界がどんどん展開します。

究極、自分が見ている世界は、第三の目から発信したものです。

だったら、めでたく楽しく、自分の望む通りに見ながら、作っていきましょう！
そのためにこの本が役立つようにと思って、毎日早朝三時半から書き続けています。
あなたが思っている世界に、あなたはいます。
あなたが思っている人に、あなたはなっています。
あなたが好きな人を、あなたは引き寄せます。
あなたが引き寄せたいものを、引き寄せています。
あなたの身体も心も魂も喜ぶ面白くて素敵な世界を作りましょう！

第三章

魂を思い出す

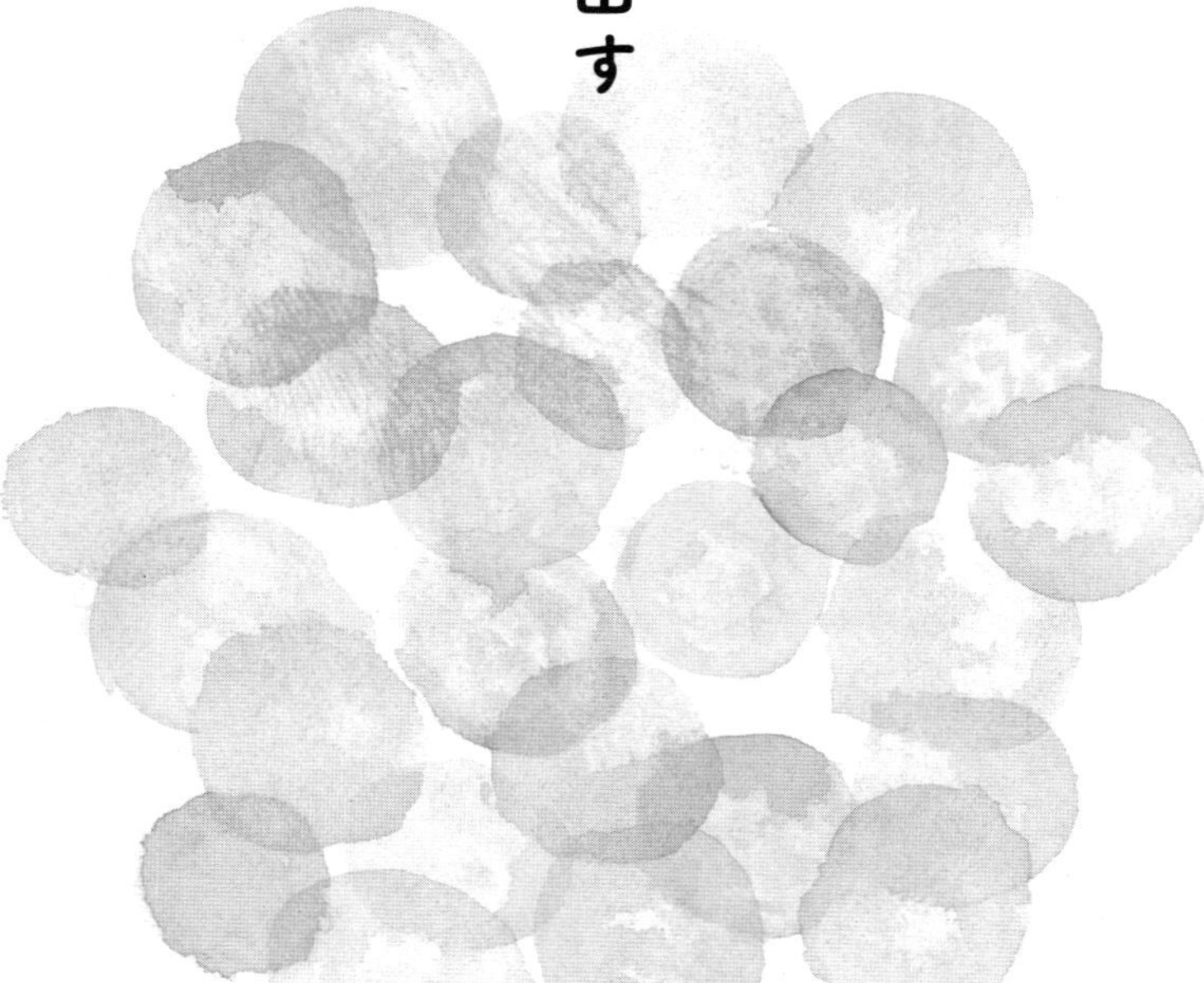

直観で動きはじめると、加速して人生が動き出す

「第三の目」が開くと、直観やインスピレーションが冴えてきます。

直観は、偉大なる魂さんからの直通電話なので、最短距離の合理的な選択がどんどんできるようになっていきます。インスピレーションも、内なる宇宙から湧いてきて、素晴らしいクリエーションの世界とつながります。

直観にしたがっていろんな選択がはじまると、次々に世界が広がり、意識の自由度が高まって、次元が上がっていきます。パーッと世界が開けたような解放感が味わえます。

直観が冴えてくることが、第三の目を開く最大のメリットです。

直観は、根拠のない結論です。

表面意識では、なぜそうしたほうがいいのかは、わかりません。でも何かを決めるときに湧いてくる、理由なき決断への導きです。

直観が冴えてくると、時間の密度が濃くなってきます。これは必ずついてくる現象です。

同じ時間内にたくさんのことができて、とても効率がよくなるのです。

それは、日常の細やかなことにも影響してきます。

電車に乗るときも、どこに立てば空いている席に座れるのかがわかります。たとえ混んでいても、次の駅で降りる人の前に自然に立って、すぐに座れます。

スーパーに行っても、駐車場でさっとスペースが空きますし、高速道路でも、渋滞を回避できます。ときには〝車払い〟が起きて、スイスイといつもよりも早く目的地に到着できます。

旅行に行っても必ず晴れて、最高の天気を満喫できます。

苦手な上司は自然に栄転して、お互いにハッピーなかたちで距離ができます。

仕事を変わりたいと思っていたら、自然に担当が替わったり、部署が変わったり、リストラされても、なぜか前よりも条件のいい仕事が見つかったりと、素敵な変化がどんどん起きてきます。

日常のいろんな場面で、流れがよくなるのです。

思った通りの流れになり、思った通りのびっくりな展開が起きてきます。

このように、素晴らしい変化が起きてきたら、第三の目が嬉しそうにクルクルとまわっているのです。

一度そうなると、私たちは味をしめて、なかなかもとの退屈な世界に戻れません。**毎日が刺激的で、面白い人生に変わってしまうからです。**

本来、私たちは光ですが、ただ光っているだけでは退屈になって、この世に刺激を求めてやって来ました。

自分の思いで人生が作られているとは知っていても、何度も生まれ変わっているうちに忘れてしまいました。それがだんだんと「思いを変えると、人生が変わる」ということが体感できるようになってきました。「人生のしくみ」や「宇宙のしくみ」が思い出されてきたのです。

最初は、目の前のことに夢中で、全体像が見えていませんが、時間がたってくると、全体を俯瞰《ふかん》できるようになります。

あのとき、なぜこんなことが起きたのだろうとびっくりしていたのが、乗り越えるうちに、自分がさらに成長して、もっと深い意味で幸せになるために起きたのだと気づくようになるのです。

すべてを総入れ替えして、世界を変える

スピリチュアルなことに意識が広がると、世界観が大きく変わります。そして、それにともなって、人間関係も大きく変わってきます。

物質やお金に価値を置いていた人が、急に精神面に意識を向けるようになって、仕事も変えたくなって、本当にガラリと仕事内容が変わります。

それまで付き合っていた人々とは興味の対象が変わり、話も合わなくなって、そのかわりに、スピリチュアルな話ができる人々との交流がメインになってきます。

学生時代の友達よりも、スピリチュアルなセミナーで知り合った仲間と会話がはずむようになります。

人脈の総入れ替えです。

同年代の人々よりも、うんと年上の人生の先輩たちと話がはずんだり、逆にずっと若い子たちと話が合ったりします。地球上に生まれた「暦年齢」よりも、魂の波動、周波数が合う人々との会話が楽しくなってくるのです。

本当に、思いや意識が変わると、ガラリと人生は変わってしまいます。

これは、今までの人生で何度も体験しているので、本当に心から断言できます。

この世は、固く作られているように見えますが、実はとても柔らかい世界です。

宇宙の真理は、本当に「意識であっという間に自分の世界が変わる」のです。

悲劇の主人公から、愛されている主人公に思いが変わると、周りの人々の態度が急に優しく変わるので、びっくりです。

とてもゆるゆるにできていますので、あなたも、ぜひ、「思いの入れ替え」を体験してみてください。

「第三の目」を開いて「天使人」へ!

「ないものねだり」から「あるものへの感謝」に意識を変えると、波動がぐんと上がって、周りが明るくなります。

自分の思い一つで、住んでいる世界が、あっという間に変わってしまうのです。

自分が大きく成長して、愛を深められるようなソウルメイトとの出会いが訪れます。そここからさらに、影響を与える人々への出会いがどんどん増えてきて、人生の舞台が大きく展開していくのです。

今の人生の舞台を意識的に変えたい、リセットしたいと思っている人には、第三の目を開くのが、手っ取り速い方法かもしれません。

お金もいっさいかかりません。

「私は、第三の目を開きます！　オープン！」

と、まず、そう思うことです。

意識を向けることで、スタンバイされます。それを宇宙がキャッチして、今すぐに開けるようなことを引き寄せます。

これは、よく知られている「引き寄せの法則」という宇宙の法則です。

まず、思うことからすべてははじまります。

「決められる」ということが、人間としての最大の特権です。

一度、大切なことを決めると、それを宇宙がキャッチして、新しい流れがはじまります。

あなたは第三の目、または松果体のことが気になって、この本に出会ったのですから、すでに、宇宙が用意した流れに乗ってきているのです。

本だけでなく、すでに松果体が活性化した人にも出会って、その話を話題にして、いろんな情報を引き寄せているかもしれません。

第三の目を開くと決めると、あらゆる方法や情報が目に飛び込んできます。

ネットにもたくさんの情報があふれていますが、それだけ今必要なことだからです。

クリスタルと同じケイ素でできた松果体が、気持ちよくクルクルとまわっているのをイメージしましょう！

頭頂部の上の天使の輪に光が反映して、ドーナツ状の白いパールのように光るエネルギー体になります。

私たちも、実は天使と同じように、天使の輪を頭の上に持っています。もちろん肉体の目では見えませんが、第三の目では見えるのです。

この天使の輪がスピーディにまわっている人は、松果体も気持ちよくまわって、自分の中の宇宙とつながっています。

今回の人生でやりたかったことをいくつもやり遂げて、自分の夢が叶った人です。

そろそろ人のために役立ちたいと思いはじめた人は、天が使いやすい「天使人」になってきています。

すると、松果体が今まで以上に活躍しはじめて、天使人という面白い人生に突入します。

天使とのコミュニケーションで才能が目覚める

生まれる前、魂が「人生のシナリオ」を書いていたときから一緒にいた守護天使とのコミュニケーションが、とてもよくなっていきます。

天使と交流したいと思っている人は、自然に天使が感じられるようになって、日々の暮らしが楽しくなっていきます。

安心感と安らぎの波動に包まれて、いつの間にか不安や恐怖がなくなっていきます。

私は、自分の守護天使に「桜ちゃん」と命名しました。

あなたも、好きな呼びやすい名前をつけてみましょう！

それだけで、守護天使との距離が近くなり、コミュニケーションがバッチリよくなり、頼み事もしやすくなります。

天使に守られていると思うだけで、不安や恐怖が減ってきて、潜在意識にたまっていたいろんな感情が、するすると解消されていきます。背中やお腹が軽くなっていきます。

それにともなって、どんどん波動が上がり、意識がつながる世界の次元が上がってきます。交流する人も変わり、自分自身のエネルギー体も変わってくるのです。

「海の舞」で過去生療法セミナーを行ったとき、県外からわざわざ参加してくれた方が、自著『天使の世界へようこそ！』（徳間書店）を読んだおかげで、天使とつながり毎日が楽しいと話してくれました。

その方は、天使にお願いすると、どこの駐車場に行っても必ず車を停めることができるそうです。仕事を辞めて天使カードを活用してヒーリングをするようになったと嬉しそうに報告してくれました。

このように私の本が人々の役に立っていることを知ると、本当に地道に本を書き続けてきてよかったと思います。

本を書きはじめると、毎朝、守護天使の桜ちゃんが朝三時半か四時に起こしてくれて、二時間くらい書いています。ときには深夜一時過ぎに起こされることもあって、「まだ夜中でしょう？」と桜ちゃんに一言、言いたくなるときもあります。

「大丈夫よ、今ならサクサク書けるわよ！　また眠くなったら寝ましょうね！」

と桜ちゃんは言います。優しい表現ですが、容赦なく起こされます。

それで私は和室に行って、書きはじめてしまいます。寝起きでも松果体がクルクルとすぐに活動を開始して、内なる宇宙の創造性とつながります。それはこれまでの体験のたまものかもしれません。体験主義なので、体験したことをそのまま本に書いています。また本に合わせてタイミングよく体験しているのです。自分の体験が本になるのは、まさに至福の体験です。このまま生涯現役で、本を書くという至福体験を続けていきたいと思っています。

私が継続している大好きなことは、本を書くことと、絵を描くこと、仏像彫刻、そして座禅です。**継続は力なり**です。

これらすべてが〝朝飯前〟にやっていることです。しかも、自然に松果体の活性化につながっています。

守護天使の桜ちゃんの話では、私は三パーセントだけ、ゴッホのエネルギーを持っているのだそうです。たったの三パーセントですが、これを最大限活用して、絵を描き続けています。

中学一年のときに、美術部に入って、はじめて油絵を描いてゴッホの絵を模写しました。「黄色い家」でした。

すると、現役で油絵画家をしている顧問の先生に呼び止められ、叱られるのかと思い、こわごわと絵を持って先生に近づいたら、

「越智、本当に油絵ははじめてなのか？」

「はい、はじめてです！　何か問題でも～」

「はじめてにしては、上手すぎる！」

ハッと、目が三倍くらいに一瞬大きくなりました。想定外のコメントに、びっくりでした。そのときは、ゴッホのエネルギーが三パーセントあると知らなかったので、何も切り返すことはできませんでしたが、少しでも本人のエネルギーがあれば、そっくりに描くことはできるのです。

あなたも、気になって仕方がない人や物とは、とても縁が濃いと思ってみてください。

そのエネルギーを最大に活用すれば、さらなる面白い創造ができるかもしれません。

意識はスピンしながら拡大していく

ユニコーンという真っ白い馬を知っていますか？　頭に渦巻き状の角が生えています。

この世では、なかなか会えませんが、四次元以上の世界では会うことができます。夢の中や瞑想中、私の場合は、愛と笑いの過去生療法をしているときに、たまに患者さんの世界で垣間見ることがあります。

ユニコーンだけでなく、翼を持った白馬のペガサスも見たことがあります。それは、馬が大好きで、馬のマスコットをバッグにつけている可愛い女性を診たときでした。

彼女は朝、枕の下に不思議な石が二つ見つかったと、大事そうに見せてくれました。枕の下に突如現れた小さな石たちは、薄茶色のメノウのように見えました。何の石かはともかく、クリスタルであることは、間違いありませんでした。

一・五センチの小さな石で、一つは渦巻き状に、もう一つは翼に見えました。もうあなたは、ピンと来たかもしれません。

馬＋渦巻き状＝ユニコーン、馬＋翼＝ペガサスです。

アロマとクリスタルを使って、ハンドヒーリングとヴォイスヒーリングをしたら、彼女の目の前に、真っ白いユニコーンとペガサスの映像が登場して、彼女が楽しそうに彼らと遊んでいるイメージが見えました。

その素晴らしい光景を彼女に伝えると、
「いいなぁ、啓子先生には見えるのね～」
と言われました。
「あら、ユニコーンやペガサスと一緒に遊んでいるあなたのほうが素敵よ～」
と、楽しい会話がはずみました。

癒しが必要な、悲しい過去生のイメージではなくて、メルヘンの世界を思い出すイメージに感動しました。

彼女にとっては、ユニコーンとペガサスを思い出して、松果体を活性化することが大切なので、わざわざ枕の下に小さな証拠品を天使が残して、イメージを引き出したのです。

この素敵なエピソードは、自著『人生の創造』(徳間書店)でも紹介したことがあります。

実は、私たちの内なる光の中にも、ユニコーンとペガサスが存在しています。

松果体を活性化することで、聖なる馬のエネルギーが引き出されるのです。

ユニコーンの渦巻きの角は、松果体から出ているアンテナです。

ペガサスの翼は、松果体がクルクルまわることで、意識が飛べるようになる象徴です。

つまり、**スピンすること、そして飛ぶことが、私たちの意識が広がるときに起きる現象**

なのです。

私が毎朝座禅する「天の舞」の瞑想ルームには、自分で描いたユニコーンとペガサスの絵が飾られています。その絵をよく見ると、ユニコーンの角がクルクルとまわっています。ペガサスの翼も揺れて足も動いて見えます。

リラックスして、意識がゆるゆるになっていると、そのように見える不思議な絵です。その絵を見るだけで、自然に松果体がクルクルとまわり出して、アンテナが伸びてきて、宇宙との交信がはじまるのです。猫の桃ちゃんも座禅のときに長い間、じっとその絵を見ていたことがあります。

あなたも、メルヘンな世界へ意識を向けて、ユニコーンやペガサスをイメージしてみましょう！

絵が好きな人は、ぜひユニコーンやペガサスを描いてみましょう！

描くことで、しっかりと意識がつながりますし、絵を見るだけでもつながります。

白馬の頭に渦巻きの角をつければ、ユニコーンです。宇宙のエネルギーと情報をキャッチするアンテナで、宇宙とつながります。

白馬に白い翼をつけるとペガサスです。翼で意識が飛べるようになります。

どちらも白く、頭頂部のエネルギーセンターとつながります。

目は、魂の窓

先述したように、私たちの目の奥には、アカシックレコードという〝個人的ツタヤ〟があります。一つひとつの人生が一枚のDVDのようになっていて、瞳の筋に収められています。見つめ合うことで、瞬時にDVDを検索して、いつの時代に一緒だったかを思い出すことができます。悲恋で終わっていたら、今回こそ結ばれるように一目ぼれで結婚するかもしれません。

今回の人生で、どの時代の続きをするかを、生まれる前に選んできています。

一枚ずつ丁寧に、気になる過去生の続きをしている人もいれば、何枚も並行して、タフにいろんな人生の続きをこなしている人もいます。

一人のソウルメイトと複雑に絡んでいる場合は、複数の時代の続きを同じ人でやっています。

しっかりその人と向き合って、潜在意識からあふれ出てくる様々な感情を解放しましょう！　それによって、いろんな人間関係が一気によい方向に進みます。

どうしても疲れ果てて、続かないときには、思い切って棚上げします。充電して、次のタイミングを待ちます。その間に、別の時代の続きをします。

人生のしくみは、とても合理的にできています。すべて流れのままに受け入れていくと、うまくいきます。

過去生療法セミナーでは、二日目に、アイリスリーディングで、お互いの過去生のイメージを見るワークがあります。

アロマのラベンダーを額にすり込んで、松ぼっくりとお気に入りのクリスタルを両手に持って瞑想してから行うので、しっかりと第三の目が活性化します。松果体がクルクルとまわって、お互いに過去生のイメージを見る態勢が整っているのです。

アイスリーディングは、リラックスして、相手の目から出ているエネルギーを読み取ります。

恋人でもないのに、こんなに人の目を見つめたことがないと思うほど、見つめ合います。

それもルーペを使って、しっかりと見ます。

すでに第三の目が活性化しているので、相手の目、瞳から魂の歴史の情報があふれ出てきて、情報をキャッチしやすくなっているのです。

山やお花畑などの風景が見える場合もあります。動物が登場することもあります。民族衣装を着ているときもあります。

どんどん見えたままを実況中継して、相手に伝えていきます。それを聞いて、見つめられている人も刺激をもらって、芋づる式に情報提供をしていくのです。

左目と右目で、出てくる情報が違いますので、両方見つめます。

いきなりゴリラが見えた人がいました。とても印象的だったので、よく覚えています。びっくりして、おそるおそる相手に伝えたら、「えーー、ゴリラが大好きなんです〜、嬉しい！」とゴリラのマスコットがついたバッグを見せてくれました。

ゴリラだった時代があったのでしょう！　しかも今でもゴリラのマスコットをつけているのですから、昔の自分を思い出して、パワフルに楽しく生きているのだと思います。

お互いにイルカだった時代を思い出したペアもありました。イルカは松果体が大きくて、活性化しているので、お互い思い出すことで、さらに松果体を活性化することができます。

とても鮮やかなペルーの民族衣装を着た女性が見えた人もいました。見てもらった人が、「ちょうどマチュピチュに行きたいと思っていたのです。そこにいたことがあったのですね～」と喜んでいました。

その方は、その後、本当にマチュピチュに行ったそうです。過去生の自分を思い出して、さらに魂のふる里に行くと、その時代の体験が花開いて、今生では才能となって活用することができます。

このワークを取り入れるきっかけになったのが、私が東京に住んでいたとき、『フィリ』というスピリチュアルな雑誌の特集で、様々なヒーリングをいろんな人が受けてリポートするという仕事でした。

最後に残ったのがチベットの秘儀「チベタンパルシング」でした。そこで、チベタンパルシングを、ぜひ体験してリポートを書いてほしいと依頼があったのです。「残りものには福があり」です。

過去生で何度もチベットの僧をしていたご縁かもしれません。

きっとチベットのお坊さんが登場して、脈を取ってくれると思って行ったら、なんとアゲハさんという蝶々のような名前のオランダ人の女性でした。和尚のコミュニティで、チベット僧から秘儀を習ったそうです。

脈は診ずに、アイリスリーディングという相手の瞳をルーペでのぞき込んで、エネルギーを読み取るという方法でした。

しばらく私の目をのぞき込んでから、アゲハさんは、のけぞって笑いころげました。人の目を丁寧に診てから笑いころげるとは何なの？　という思いでしたが、

「あなたの瞳は面白すぎる～、あり得ない～、信じられない～、バラの花のようにゴージャスでカラフル、たくさんの体験をしていてとてもクレイジー、あなたほどクレイジーな人はいないない、精神科医はぴったりの仕事よ！　どんなおかしな人が来ても、あなたは誰にも負けないから～」

と言われてびっくり！

嬉しいような、嬉しくないような、よくわからない気持ちになりました。

とにかく、今の仕事がぴったり合っているようです。

薬を使わないで、愛と笑いの過去生療法をしていると解説したら、とても納得していました。ありとあらゆる体験をしているので、すべての人の解説ができるのだそうです。

そのときの体験が、二〇年後に、過去生療法セミナーで生かされるとは、びっくりです。

そして、このように本でも紹介できるようになりました。

「目は心の窓」と言われますが、実は、「目は魂の窓」であり「記録場所」でもあったの

です。

目を見つめ合うのは、魂同士の関係性を検索していたのです。もう一つの魂の目である第三の目で探し合っているのです。

これから、あなたが出会う人、特にはじめて会って、ドキッとした人の目をじっと見つめてみてください。懐かしい魂のふる里が、自然界のイメージとして出てくるかもしれません。お互いに民族衣装を着て、笑い合っているかもしれません。目から読み取ってみてください。

きっとあなたの人生に大切なソウルメイトに出会います。

もし身近にとても許せない人がいたら、何度も過去生で一緒だったソウルメイトです。でなければあなたをいじめる役をやってくれません。難しい脇役です。

愛の星・地球での最後のレッスン「許す愛」を体験しているのです。とても難しくて、かなり達成感のあるレッスンです。

その人を許せたら、地球での愛の学びは終わります。

きっと乗り越えられます。その人を許せたら、すべてを許せます。無限の愛があなたのハートからあふれ出てきます。地球上のすべての人に降り注げるほどの無限の愛です。

第三の目を意識できるということも、すでに、もう地球での学びが終盤に来ているということです。

第三の目をここで一気に活性化して、宇宙とつながり、地球での最後の転生を完結していくのです。

宇宙に満ち満ちている愛とつながります。至福のときはもうすぐです。

カタカムナとの出会い

今、私は古代神代文字のカタカムナウタヒを絵に描いて、謎解きをしています。

朝六時から主人と座禅をして、そのあとアトリエで大好きな絵を描いていますが、今はカタカムナウタヒ八〇首を絵に描いて、読み解いていくという壮大な計画を進めています。

第一二首まで描いたところで、カレンダーを作りました。

この本を書きはじめたときに、第一五首が描けたので、第三の目を活性化する絵として、本書の口絵に掲載しています。今は、第三二首を描いたところで、日めくりを作ることになっています。パワフルなカタカムナウタヒの絵を毎日見ていただけます。

カタカムナウタヒは、兵庫県の金鳥山にあるカタカムナ神社の御神体である巻物に描かれた、丸十字の文様の五七五調の歌です。右まわりの渦状に描かれています。

四万年〜一万二千年前に書かれたとされていて、『古事記』よりもずっと古いのです。『古事記』に登場する神様の名前が渦巻きの中に描かれていて、本当にびっくりしました。

カタカムナは、古代超直観科学と表現されています。アシア族という文明の進んだ人々が生み出したもので、素晴らしい宇宙の真理を描いています。

カタカムナは、見えない世界と見える世界をヤタノカガミ（八咫鏡）とフトマニ（草薙の剣）、そしてミクマリ（勾玉）で表現しています。

それぞれが、カタカムナウタヒの中心図像になっています。これらは天皇家の三種の神器と一致することにもびっくりしました。

カタカムナウタヒの第五首と第六首が、四八音になっていて、その順番の通りに数霊にすると、すべてが見事に紐解かれていきます。

新しい元号の「令和」も、数霊を計算すると、二四＋五＋七＝三六。そして三＋六＝九。三六九《ミロク》、つまりミロク（弥勒）の世がはじまりました。素晴らしい元号です！

カタカムナの思念表を生み出し、研究されている吉野信子先生との出会いで、主人の名前の伊地ヨンを読み解くと、まさに一四。カタカムナでは、「ナ」思念で「核」となり、カタカムナそのものであることがわかり、これまたびっくりでした。

私は子供の頃からラッキーナンバーが一四なので、そのままの人をパートナーに引き寄せたことなります。そしてそれがカタカムナで大事な「核」だったのです。

主人も信子先生のカタカムナセミナーに感動して、信子先生を支え、応援することになりました。ついに、カタカムナ学校と、吉野信子カタカムナ研究会を二〇一八年四月一四日に立ち上げました。

毎月、大阪の高槻に通い、私も愛と笑いの癒しをカタカムナ学校に注ぐ補助講師として一年間応援してきました。

私は、授業がはじまる前に宇宙の真理を話したり、カタカムナウタヒの絵を紹介して解説したり、オオカミの遠吠えの歌を作ったりと、盛り上げました。みんなの代表で信子先生に質問して、生徒さんたちにわかりやすくなったと喜ばれました。

カタカムナ学校は、ラベンダーを額に塗って、第三の目を活性化するところからはじまりました。松ぼっくりの話もして、しっかりと古代超直観科学にふさわしいスタートになりました。

生徒さんたちの眉間からインディゴブルーの光がピカーと出てきて壮観でした。

古代超直観科学を学んで、セミナーの講師養成講座に通うと決意した人々らしく、第三の目が、かなり活性化していました。

通常の仕事に加えて、カタカムナ学校に通うのは大変でしたが、一年間みっちりと、信子先生のカタカムナ思念による読み解きの深さをそばで学べて、本当によかったです。

一番の収穫は、**「同音異義語が同じ振動と意味を持つこと」**、そして**「遮《さえぎ》りが神」**であるとわかったことです。

前者は、「オオカミ」が「大神」と同じ意味なので、地鎮祭で神主さんがオオカミの遠吠えをして大神を呼ぶことの意味がやっとわかりました。私はギャグが作りやすくなりました。

後者の宇宙の真理は、「人生のしくみ」にとても大切な項目になりました。

順調に進んでいても、あるとき大きな遮り（ハプニングやハードル）が来たら、それはさらに幸せになるために起きた現象だということ。

それは「離せばわかる（話せばわかる）」と、あとから理解できるのです。

それをミニワークにして、みんなで唱和して潜在意識にしっかりと入れ込むようにしています。

あなたもここで、ミニワークをしてみましょう！

「遮りは、神～、離せば（話せば）わかる～」

右手で目の前を覆って、「遮りは、神～」と言いながら、そしてぐ～っと離しながら、「離せば（話せば）わかる～」と言います。

これを三回繰り返してください。

笑いがこみあげてきて、自然にこの大切なフレーズが、しっかりと潜在意識に入ります。実際に、遮りが起きたときに、さっとこのフレーズを思い出せると思います。するとすぐに余裕ができて、楽しく乗り越えるコースが発動します。

目の前に突然起きる遮り、つまりハプニングは、必ず乗り越えられるのです。

また乗り越えることで、精神的に進化成長することができます。

うまい具合に、自分が乗り越えられるギリギリの遮りしか起きません。

その遮りをセットしたのも、人生のシナリオに書いた、偉大なる魂だからです。自分でセットしていたのですが、記憶が消されているので、表面意識がまったく覚えていないだけなのです。

人生は、すべてうまくいっているのです。

このカタカムナ学校で五〇人近くの生徒さんたちが、一年間みっちりカタカムナを学び、素晴らしい講師に成長しました。

カタカムナは、宇宙の真理そのものなので、それに触れるだけで、心地よい振動に癒されるのでしょう！

言葉の力を意識して、言霊パワーを診療に活用してきているので、さらにカタカムナを具体的に活用すれば、最強です。

四八音を表現したのが、カタカムナウタヒの第五首と第六首です。

続けて読むと、**「ヒフミヨイ、マワリテメグル、ムナヤコト、アウノスベシレ、カタチサキ、ソラニモロケセ、ユヱヌオヲ、ハエツヰネホン、カタカムナ」**となります。

これを**唱えるだけで、「音霊」の振動が響いて、身体の全細胞が喜びます。**

あなたも、ここで声に出して唱えてみてください。祝詞《のりと》のように、自然な節をつけて唱えると、気持ちよくなって、音霊の大きな波動の球に包まれてきます。

元気になる「カタカムナ祝詞」だと思って、日々唱えるようにしましょう！

四八音の音霊で、身体も心も健やかになってきます。

松果体も喜んでクルクルまわり出して、直観、インスピレーションが冴えてきます。

カタカムナは、古代超直観科学なのですから、確実に松果体を活性化するのです。

カタカムナで、松果体がクルクルクル～。

魂の覚醒と、「第三の目」の関係性

魂とは、エネルギーであり、意識であり、光です。

もともとは大きな光の一部でしたが、自分を知りたいと強く思ったことで、自分を探究するために、個（魂）という私たちに分かれて、いろんな体験をして自分を探究しています。

それぞれの魂が体験したいと思ったことは、何でもできるのです。そこには善悪はありません。

宗教では、善悪を説きますが、**本来、宇宙には善悪はありません。**

善悪は、人間が概念として作ったものです。善悪の概念に縛られている間は、宗教のお世話になります。そこからの学びをしたくなるのです。その学びは飽きるまで永遠に続きます。

私もこの人生でいろんな宗教にはまりました。まるでおさらいするかのように様々な宗教をのぞいたり、体験したり、読んだりしてきました。おさらいの最後に、世界三大宗教の聖地があるイスラエルのエルサレムに、巡礼の旅をしてきました。そして、今はどの宗教にもはまっていません。

宇宙の愛にはまって感動しています。

愛の星・地球で、何度も生まれ変わりながら、愛の表現方法を学んできました。

もっと愛を注ぎたかった魂と近い関係の中で、さらなる愛の伝え方を体験しながら学んでいます。

たくさんの体験からのデータが集合意識に組み込まれて、地域ごと、国ごとに、その時代の全体像になっていきます。

根源の宇宙が、自分をしっかりと探究できたと思えるときまで、ずっと私たちの探究の旅は続くのです。

その中に、第三の目の働きについての探究が含まれています。小さいけれどとても大切だからです。

そして、私がこの人生で探究してきた結果、松果体を縦横無尽に活用したことを、この本で体験談を交えてまとめて伝えています。いよいよ、私の人生も終盤に入ってきていま す。感無量です。

先述した上江洲先生の松果体はとても大きく、すごいスピードでクルクルとまわっています。眉間の第三の目がピカーーッと光っている素晴らしい写真が撮られています。まるで、第三の目が活性化しているお手本のような写真です。

そこまで活性化していると、意識が自由自在なので、どこにでもワープできて、無限の世界を味わえます。

波動が高くなると姿が見えなくなってしまい、宇宙の真理を説かれる光話会が途中で中止されたり、できなくなったりすることもあります。明想をしながら、多次元的に意識を自由自在に飛びまわっておられます。

沖縄、北海道、東京、神奈川で毎月、ほかにも大阪、広島、山口、長野、山梨、岐阜、愛知など全国各地で光話会を開き、また海外でも行っています。

また、中国から光話を聞きに来られる方も多く、そのため中国語の通訳が入ります。最初は、その通訳が気になったのですが、だんだん慣れてきて、過去生が中国人だったときの自分が喜ぶようになりました。

上江洲先生は、北海道と沖縄を大切にしていらして、特に沖縄は毎月一週間、北部の今帰仁《なきじん》と那覇の船員会館で、光話会をされています。

あるとき、上江洲先生が光話中に、イエス様とモーゼ様がオーバーシャドウされているのを私が見たという体験談を話したことがきっかけで、私は沖縄で行われる最後の光話会前に、一五分間だけお話しするようになりました。

それが一年間毎月続き、そして話も三〇分、四五分と長くなって、今では一時間も話すようになりました。それが『啓子チャンネル』という動画になり、ユーチューブで誰でも見られるようになっています。ぜひ『啓子チャンネル』を見てください。

愛の笑いの真理をみなさんに楽しく伝えることができて、とても嬉しいです。陽気妃、空海、インディアン、太陽の女神、マリア、イルカ、ピンク龍などのコスプレもできて、最高に幸せです。

上江洲先生の光話も、翌日には『啓子チャンネル』で発信していますから、手軽に真理の話も聞けます。

第三の目が最大に開いている上江洲先生のお話を聞くだけで、私たちの第三の目も開いてきます。

波動がどんどん上がれば、つながる世界、次元も上がり世界が広がります。

意識の世界は無限に広がって、本当に自由自在なのです。

見えているものだけに意識を集中しないで、見えない本質の世界に、意識を向けましょう！

わくわく楽しい世界がすぐそこにあります！

第四章
「第三の目」を覚醒させる

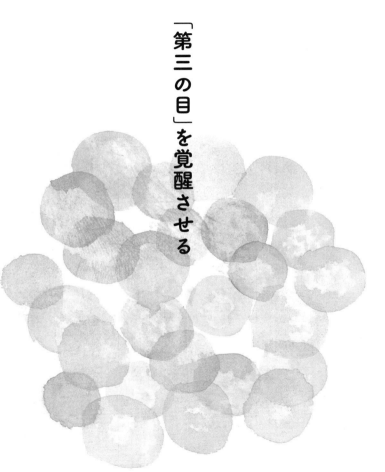

「第三の目」を開くために

天体――太陽・月・星からパワーをもらう

さっそくすぐにできそうな方法を紹介しましょう!

太陽系の親分である太陽のパワーを直接浴びると、「第三の目」がとても喜びます。

昔から日本人は、「お天道様が見ている」という不思議な表現をします。

「誰が見ていなくても、ちゃんとお天道様が見ているからね~」と言って、太陽、あるいは仏様が見ているから悪いことはできないという戒《いまし》めの意味で使っています。

太陽を敬う言葉ですが、それほど太陽はパワフルなのです。

一番いいのは、朝日を拝むことです。

朝一番の太陽の光を浴びると、松果体はとても活性化し、エネルギーが高まり心身ともに調子がよくなります。

太陽を直視しないほうがいいというのは、迷信であり素敵な勘違いです。

昼間の強い太陽の輝きを、チラリと見てパワーをもらいましょう!

夕日の赤オレンジの光も行動力や創造性を優しく刺激してくれます。

月にもパワーがあります。特に満月はスペシャルです。

最近、話題になっていますが、スーパーフルムーンもパワフルです。ブルーの光が見えたり、赤く見えたりもします。

満月の夜は、街灯がいらないほどの明るさです。

満月の光を浴びながら踊ると、最高のスピンができます。

昔、ハワイ島で、満月の夜にプールサイドで踊ったら、止まらなくなりました。いくらでも踊れるような宇宙との一体感を味わいました。

星をながめて、星のパワーをもらうことも、松果体の活性化になります。

多くの人々が大好きなオリオン座、シリウス、プレアデス、アンドロメダ、ベガ、アルタイルそして金星、土星など、あなたの好きな星を見つけて、しばらくながめてみましょう。エネルギーを感じて交流してみましょう！

意識が空の星々に向くと、自然に宇宙を感じて、地球に来る前の星々を思い出すことができます。懐かしい星からの情報やエネルギーをもらえます。

一瞬でも、懐かしい星のパワーをもらうと、懐かしい周波数を直接感じることができて、

その星での体験がよみがえり、一気に元気になっていきます。

そのあと、しばらくその星の周波数を奏でるので、**同じ星の仲間たちを引き寄せることになります。**

星をながめたあと、不思議な面白いソウルメイトに遭遇することがあります。人生の応援団として、いつの間にか必要な人として、自分の人生に登場してくるのです。松果体がアンテナの役割を果たしてくれています。

「海の舞」で毎年春と秋の二回、行われているアーススクールでも、秋に星空を見つめるワークを、やんばるという沖縄本島の北部でのプログラムに入れています。

今地球にいることを意識して、改めて地球のエネルギーを感じます。地球にのめり込むのではなく、少し距離を置いて俯瞰的な視点で見ることができます。

ちょうど二〇一八年から、太陽系で二万六千年ぶりに、地軸変動が起きています。この周期で、大きな大陸が消えたり、または現れたりと、ダイナミックに地球が変動するのですが、今回は、文明温存のために、大陸は消えずに少しかたちを変えるそうです。たとえばアフリカ大陸は、縦に地面が割れて大陸が変容してきています。

ネットでしかその写真は見られませんが、惑星レベルの大変革ですから、地球が大きく変わるのは、普通なのでしょう。

それくらいの**大変化のときなので、それに合わせて、私たちも宇宙とつながるアンテナを活性化するときが来ている**のです。

さぁ、私たちの宇宙アンテナを立てましょう！

そして変化を面白がって、楽しみましょう！

今、太陽系の地球にいて、いろんな体験をしてきたのだと、しみじみ思い返すことができます。その感覚は、人生のしくみの流れを全体で見ることができるので、きっとあなたも私と同じように、今回の人生で地球での転生は最後だと決めているかもしれません。

特に、波乱万丈な人生を展開している方は、いろんな時代のやり残しをやり遂げたいと思って、ちょっと欲張って計画してきています。

今までにない、新鮮な体験が盛りだくさんにはじまります。

笑い——松果体がクルクルまわり出す

「第三の目」を開くために

渦巻き状のろうそくと、毛糸のたてがみを頭につけて、ふわふわの白い服を着てユニコーンとなって講演会に登場したことがあります。頭につけたろうそくがだんだん横倒しになって、会場の笑いを取りました。

笑うことも、松果体を震わせるので、相乗効果です。

大いに笑って、松果体をクルクルとまわしましょう！

大笑いするたびに大きな振動が起きて、松果体の石灰がはがれて、まわりやすくなるのです。それほど笑いの振動は素晴らしい威力を持っています。

愛と笑いの過去生療法で、人生の謎解きをすると、自然に笑いがついてきます。なぜこのようなつらいことが人生に起きるのか、それが過去生の続きとして現れているということを謎解きすると、納得して自然に笑いが出てくるのです。

「そうだったのか！」と腑に落ちたときに、笑いが起きて松果体がクルクルまわり出します。

今までの苦労が報われて、いろんなブロックが一気に解放されていきます。

そのときこそ、爆発的な宇宙アンテナが起き上がるときです。

一気にはじけて、すべてをそのまま受け入れることができます。

笑い療法の醍醐味です。

「笑いヨガ」はインドから世界中に広がりましたが、それは、笑いがただ気持ちいいだけでなく、笑いのパワーで松果体がまわりはじめるからです。

松果体がまわれば、直観が働くようになり、一気に人生が好転してすべてうまくいくように変わるので、また笑いたくなります。

ずっと笑いたくなって、笑いヨガを続けるのです。あと戻りできないのです。

直観が冴えてくると、そのうちインスピレーションも湧いてくるようになります。そして宇宙アンテナで、いろんな懐かしい星々からのパワーや情報もキャッチできるようになり、ますます人生が好転するのです。

朝日を見て、大いに笑いましょう！

太陽パワーで、さらに笑いが止まらなくなります。一石二鳥です。

沖縄に移住してすぐのときに、「朝日ーズ」というグループを作ったことがありました。朝日を見ながら、海辺で遊ぶ超健康的な笑いがいっぱいのグループです。

そのときに、手をピースにして動くカニを見て、「すべてはうまくいっている！」という言霊ワークのカニ踊りが生まれました。

カニ踊りを診療のときにも、講演会やワーク、セミナーの最後にも必ず踊っています。もう二〇年も踊り続けています。

まるで、チベットのマニ車（チベット仏教の仏具）をまわして、祈り続けているかのようです。私は過去生でチベットの僧の時代が多いので、どうしても湧き出てくる発想なのかもしれません。

マニ車をまわすことは、自分の松果体をまわしているのと同じです。

それこそ直観で、「すべてはうまくいっている！」が宇宙真理のエッセンスだと思ってはじめたのですが、チベット仏教に詳しい、座禅断食会の野口法蔵師匠にうかがったら、本当にその通りでした。

チベットの人々は、マニ車をまわしながら、「オンマニペメフン（すべてはうまくいっている）」と唱え、祈っています。

宇宙がすべてうまくいっているのなら、究極は笑うしかありません。

私たちは、あまりにもつらいときには、笑いがこみあげてきます。

底抜けに明るいという表現は、まさにどん底を味わったときに出てくる、とんでもなく明るい光が爆発した状態です。

私たちが、お腹の底からわっはっはっはと大笑いをするとき、お腹の太陽神経叢《しんけいそう》から最高のゴールドの光が出ています。

さらに頭頂部からもゴールドの光が出ています。

ゴールドの光は、お腹と松果体の二か所から出てくることがわかりました。

松果体がクルクルクルクルと最高最大にまわっているときも、ゴールドの光が出ているからです。

お腹は「第二の脳」とも呼ばれるほど大切なのです。

自分を認めて、自分を愛して、お腹にいるインナーチャイルドを癒しましょう！　デトックスしてお腹を綺麗にしましょう！　断食しても綺麗になります。

インディアンの聖地、アリゾナ州のセドナでスーザンさんというサイキックなアーティストが、チャクラの掛け軸を描いています、その絵でも、第三番目の太陽神経叢のチャクラや、第七番目の頭頂部のチャクラから、ゴールドの光が出ています。

スーザンさんは、見える通りに描いているので納得しました。

大いに笑って、ゴールドの光をお腹から出しましょう！

魂が喜ぶとき、顔や手、身体のあらゆるところから、金粉も出ます。

深く感動したときや、大笑いをしたときに、手の平を見てください。あなたも、金粉が出ているかもしれません。

特に、懐かしいソウルメイトに再会すると、魂が嬉しくてゴールドの光を出し、顔や手に金粉が出現します。

「第三の目」を開くために
アロマ――感情のブロックを解放する

クリニックで行われている過去生療法セミナーでは、第一日目には、**ブロックを解放するためにベルガモット**を使います。

ベルガモットはイタリアの柑橘類で、紅茶のアールグレイの香りです。

のどとハートを解放してくれる素晴らしいアロマです。

そして、二日目に使うのが、ラベンダーです。

ラベンダーは、スピリチュアルな象徴としてとても大切で、いろんな時代の思いが入ったアロマです。

過去生で、第三の目を活用して魔女と思われ、迫害を受けた人、ヒーラーにとっては、苦手な香りかもしれません。

ヒーラーたちは、もともと松果体がとても活性化していた魂なので、トラウマがほどけると、あっという間に、松果体がまわりはじめます。

スピリチュアルを苦手に思っている人は、実は迫害された過去生のトラウマがあるだけなのです。

迫害のトラウマを持っている人は、まずベルガモットなど、ほかのアロマで癒されてから、ラベンダーを嗅ぐと平気になります。

安心してください、今回の人生では、どんなにスピリチュアルになっても、迫害を受けることはありません。大丈夫です。安心して松果体を活性化しましょう！

トラウマは、潜在意識に残って、感情のブロックとなっています。

このブロックを解放すれば、過去生の感情がほどかれるだけでなく、これから必ず必要になってくる松果体を活性化できるのです。

アメリカのゲリー・ヤング博士の波動の高いラベンダーを額の真ん中にすり込むと、するすると第三の目が開いて、松果体がクルクルとまわりはじめます。

額からインディゴブルーの光がピカーとあふれ出てくるので、すぐにわかります。

そして、そのときに必要なパラレルな世界、高次元の世界へと、一気に意識がつながります。

紫色の花のローズマリーも、パワフルに松果体を刺激し、痛みの緩和をうながします。

たとえば、インディアンの時代、矢が刺さって亡くなった過去生を持っていると、刺さった場所が盛り上がったり、痛みが残ったりと違和感があったりします。

ローズマリーの香りを嗅いで、イメージ療法でインディアンの矢を抜いたり、剣を抜いたりすることで、エネルギーが本当に変わります。慢性化した痛みが取れるという、感動的な場面に何度も遭遇しています。

実際に、過去生療法セミナーでペアになってヒーリングをし合うとき、ローズマリーのアロマを使って痛みを緩和しながら、イメージで抜いてあげると、痛みが不思議に取れたり、長年のこぶが消えてしまったり、違和感がなくなったりしました。

感情はエネルギーなので、解放されるとエネルギーの流れがよくなるので、症状が消えたり、すっきりしたりするのです。

もともとこの三次元は、バーチャルです。私たちの思いでできた架空の世界で、立体的に映し出されているホログラムです。

だからこそ、イメージが即効です。自分がいる世界を一瞬で変えることができます。

特にヒーラーだった人は、解放されたあとは、一気に松果体が勢いよくまわりはじめます。

私自身もフランスとスコットランドの時代に魔女狩りに遭って、二回火あぶりを体験した過去生があるので、社会に出るのがとても怖かったのです。本を書くのも、とても勇気が必要でした。「不思議クリニック」というマンガだけは、ペンネームで連載していましたが、東京時代は、せっかくの本の依頼も断り続けていました。

恐怖は奥歯にたまっていく

私は恐怖のブロックを解放するために、沖縄に移住した直後、フランス時代の異端者裁判の裁判官だった人を引き寄せました。ストーカーのように近づいてきて、探偵までやって、私の居場所を探し当ててくれました。

もちろん私の表面意識は怖くて、一晩で奥歯が噛み合わなくなるほどの恐怖を感じました。

その方は、どうしても娘のヒーリングをしてほしいという愛情深い父親でした。アンパンマンにそっくりで優しそうな男性だったので、勇気を持って、その方を家の中に招きました。

ハーブティーを出しながら、話を聞いて、二週間後に娘さんのヒーリングをすると、娘さんも魔女狩りされた過去生があったのです。

娘さんはすっきり解放されましたが、そのおかげで、私も奥歯の恐怖心が大量に解放され、社会に出ることへの恐怖が和らぎ、前に進むことができました。

頑固に断っていた本を出すことも快諾することができ、それ以来ずっと本を書き続けています。沖縄という優しい環境もよかったのだと思います。

恐怖は奥歯にたまります。

歯医者にずっと通っている方は、それにもしっかりと意味があって、奥歯に隠されている古い恐怖を解放するためなのです。すっかり恐怖が解放されたら、自然に歯医者通いも終わります。

そして、その恐怖が、松果体の働きをストップしているので、ストッパーが取れると、勢いよくまわりはじめます。

もし、あなたが怖がりだったら、過去生の体験から不安や恐怖が潜在意識や奥歯にたまっているかもしれません。

また、**ローズマリーやペパーミントは、記憶力や集中力にいいアロマなので、脳の記憶野にしっかりと働きかけます。**

上江洲先生は、ヒーリングのときにペパーミントを使われます。

大サービスで、たっぷりのペパーミントを額に塗ってもらうと、肉体の目に入って、しばらく目が開けられなくなります。だからいっそう、第三の目がバーンと開いていきます。

かなり強い刺激です。記憶野にもそのときに必要な刺激が加わって、いろんな過去生の感情が解放されます。

怒りの感情がたまっている人は、グレープフルーツを嗅いでみましょう!

とてもさわやかで、ストレス、嫉妬の解放に、そして人間関係の癒しにも効果があります。

罪悪感を持っていて、自分を責めてしまう傾向がある人には、さわやかで甘い香りがする沖縄の香り、伊集《いじゅ》ぬ花をおすすめしています。

オレンジの花の香りのネロリも、罪悪感の解放に最適です。

「ありがとう」の言霊の波動が高くて素晴らしいことを知っていても、どうしても「すいません」と言ってしまう人は、かなりハートに不必要な罪悪感がたまっています。沖縄が大好きな人は、ぜひ伊集ぬ花を、ヨーロッパが大好きな人はネロリを、罪悪感の解放のために使ってみてください。

アロマは、松果体の活性化に欠かせない、大切な癒しの力を持っている植物の妖精、精霊のパワーです。

鼻腔《びくう》よりさらに奥の脳幹《のうかん》を刺激して、リラックスをうながします。

特に、海馬《かいば》や扁桃核《へんとうかく》という記憶野を刺激して、癒しが必要な過去生の記憶をたどります。

松果体の活性化を止めているブロックを探すので、記憶野がここで役に立つのです。

それまで直観が働かなくて、ちぐはぐな人生を歩んでいた人が、突然視界がクリアになり、活発に動けるようになります。生きにくかった人生が一転して、明るくなり自分の思う通りに変わっていくのを楽しめます。

ぜひ、気に入ったアロマで解放して、第三の目を開きましょう！

「第三の目」を開くために
クリスタル――自分自身と出会う

クリスタルを両手に持つと、ぐんぐん身体がすっきりしてきて、心も軽くなります。

私はクリスタルの素晴らしさにすっかりはまっているので、診療室の棚にはたくさんのクリスタルがあります。

「石は、意思を持った医師である！」

これは私のお気に入りの名言ですが、素敵でしょう？「石にはまった医師」にしか思いつかない名言です。

「私」という意識も、かつてクリスタルだったことがあります。クリスタルを見つけて「あっ、これは私だわ！」と感動したことが何度もあるのです。

「人間もクリスタルだったの？」とびっくりしたあなたも、とても愛おしく頬ずりしたくなるクリスタルに、きっと出会えると思います。

懐かしい気分になる石が、昔の自分です。直接、地球のエネルギーに癒されているのです。もし、昔の自分である石に出会って手に取ったら、松果体もクリスタルなので、嬉しくてずっとクルクルまわり続けます。まさに「自分発見」だからです。

松果体は、「自分」を発見したときに、喜びでまわりはじめるのです。

私たちはもともと大きな一つの光でした。

光としての自分が知りたくて、約一三六億年前に、ビッグバンという大きな爆発で個に分かれ、今の「自分」という意識があるのです。

分離しているようで、していません。実は、みんな奥深い光のエネルギーとして一つにつながっているのです。

光としての自分がどのような性質と特徴を持っているのか知りたくて、一時的に個に分かれて、探究の旅を続けているのです。

だから、一見分かれているようでいて、みんな一つの光でもあるのです。

そう思うと、私たちの孤独感は、一時的な錯覚にすぎないのです。

「あなたは私、私はあなた」という言葉は、深い意味を持った真理です。

この本を読んでくださっているあなたも、私なのです。

私たちは、自分を知りたくて、手分けして、それぞれ好きなコースを選んでたくさんの体験を積んできたのです。

そのうち、気がすんだら、大きな光に戻るときがやって来ると思います。

そのときまで、自由に体験したいことをどんどんやってみましょう！

話が宇宙に飛びましたが、**クリスタルを手に瞑想すると、本当に宇宙に飛びます。意識がよりクリアになって、内なる宇宙に飛びやすくなる**からです。

クリスタルを両手に握って瞑想したり、ヒーリングしたりすると、潜在意識にたまっている感情を吸い取ってくれます。

同じ色のパワーを引き寄せる

クリスタルには、心身をブロックしているエネルギーを吸い取って、癒してくれる働きと、同じ色のエネルギーセンター（チャクラ）を活性化してくれる働きという、大きく分けて二つの働きがあります。（チャクラの色は五八～五九ページを参照）

特に、第三の目を開くクリスタルを紹介しますので、ペンダントやブレスレットなどにして身につけましょう。

ラブラドライトは、アワビの貝殻の内側に似ています。ラデンの虹色の光です。もしラブラドライトに出会ってピンと来たら、ぜひゲットして身につけましょう！　のどと第三の目の両方を開きやすくします。

カヤナイトは、雲母状のクリスタルです。ちょうどジーンズに色合いが似ていて、深いインディゴブルーの輝きです。まさに、第三の目の輝きです。ジーンズをはくと、カヤナイトをつけているのと同じように、過去生を解放してくれます。

ラピス・ラズリは才能が開く、今大活躍のクリスタルです。美しいインディゴブルーで第三の目も確実に開きます。

昔、自己催眠で三万人の難病のアメリカ人を助けたエドガー・ケイシーが、「ラピス・ラズリは二一世紀の石です。自分を守り、自分の霊性を高めてくれます」と自己催眠の中で予言しているほどです。

私は、創造と喜びの広場「海の舞」の階段を上がった手すりの上に置かれた、大きな玉のラピス・ラズリをなでてはパワーをもらっています。今も手の平サイズのお気に入りのラピス・ラズリをそばにおいて、ときどきなでてパワーをもらって本を書いています。

深いインディゴブルーの色合いが大好きで、宇宙を感じます。

私はエジプト時代の過去生が、少なくとも四回はあるので、ラピス・ラズリは大好きです。ピラミッドをイメージしながら、そのときにできるエジプト解放やエネルギーの調整をしているのです。

何かのイメージが出てくるときは、松果体がクルクルまわって活動をしています。

イメージは、第三の目が活動していることを表しています。イメージは、思いよりもエネルギーが濃いので、さらにその世界を引き寄せやすくなっています。

「第三の目」を開くために

ヴォイスヒーリング――魂と共鳴し合う

ヴォイスヒーリングはとても簡単です。

愛を込めて、ヒーリングする相手の幸せを祈りながら、「アー」とか「ウー」とか発声しながら即興で歌うだけですが、とても奥が深いです。

その瞬間の相手の魂の響きを感じて、共鳴しながら歌うことで、自分の第三の目も、相手の第三の目も活性化します。

声には、魂の歴史が振動としてすべて含まれています。

声を聞いて懐かしいと感じるだけで、スイッチが入って、過去生の感情がほどけていくのです。

診療中に突然、衝動行為として愛を込めて歌ってしまったのが、最初のヴォイスヒーリングでした。

「せっかくクリニックを開いたのに、医師が診療中に歌い出すと噂になって、閉めることになったらどうしよう」と私の表面意識が反応して困っていましたが、笑うしかありません。ところが患者さんは、「とても心地よくて、魂の子守歌みたい」と感動して泣いてしまいました。

そして、それにともなって、患者さんの前に立体映像のように、過去生のイメージが現れました。そのときの過去生のイメージはエジプト時代で、使ったクリスタルはラピス・ラズリでした。

結婚できないと悩んでいる娘さんのヒーリングだったのですが、とても仲良しのお母様とエジプト時代に身分違いの悲恋だった様子がイメージで出てきました。その内容をお二人に伝えたら、二人とも号泣してしまいました。大解放です。その後、娘さんは無事に結婚できました。

こうしてヴォイスヒーリングをはじめるようになり、見えてきた過去生のイメージを、思い切って患者さんに伝えるようになってから、ますます人生の謎解きができるようになりました。

人生の謎解きによって、心身の症状が一瞬で消えたり、許せなかった人がすんなり許せるようになったり、思いが変わることで、人生が楽に好転したりと、奇跡のようなヒーリング効果が続々と出てきました。

愛と笑いの過去生療法をするようになったのですが、そのきっかけは、ヴォイスヒーリングでした。

奇跡の不動心を手に入れる

最近、思いがけないときに、ヴォイスヒーリングのすごさが証明されました。

それは「海の舞」の「イルカホール」で、東京から来てくださったパーカー智美さんの「愛茶氣道」という、合気道からオリジナルに生み出された「愛と笑いの合気道」のワークをしたときに起きました。

相手の胸に手を当てて押すと、普通はすぐによろめきますが、氣があふれていると、不動心になって、何人で押しても身体はまったく動かなくなります。

ヴォイスヒーリングを無心でしていると、五人で同時に押しても、まったく動かないのです。びっくりの不動心が証明されました。

ヴォイスを奏でると、かなりの「愛氣」があふれ出ることがわかりました。

このヴォイスヒーリングは、自分自身でもできます。

愛を込めて、頑張って生きてきた自分を讃《たた》える思いで、即興で歌ってみてください。自然にどんどんあふれるように声が出て、その美しい響きにうっとりと癒されます。

自分自身を抱きしめながら、自分讃歌のヴォイスヒーリングをするのです。お腹にいるインナーチャイルドが愛に満たされて喜びます。

たとえ親に愛されてこなかった悲しい幼年期があったとしても、大人の意識の自分が認めて、愛を送ることとで、寂しかった思いが満たされていきます。

自分が自分に愛を送ることが、一番の癒しになるのです。

自愛は、とても大切なのです。

自分のことが認められず、まだ駄目、まだ足りないと自分を責め続けていると、それに合わせて、周りの人も自分をバッシングしてきます。

自分の思いで人生は作られていますから、自分自身をどう思っているかが、そのまま現実に映し出されていくのです。

原因は周りの人ではなく、自分自身なのです。

インナーチャイルドの癒しをすることで、愛欠乏症が癒されて、自分のハートからも愛があふれて、周りの人々に愛を注ぐことができるようになります。

この本をきっかけに、第三の目を活性化するヴォイスヒーリングのCDを作ることになりました。カバーは自分で描いたユニコーンとペガサスの絵です。愛茶氣道で、愛氣があふれているヴォイスヒーリングの威力が証明されましたので、久しぶりのヴォイスヒーリングのCD制作に心が踊りました。

「第三の目」を開くために
音によるヒーリング――周波数でDNAを修復する

ヴォイスヒーリングをはじめるずっと前から音のヒーリングをはじめていました。きっかけは、ネパールへの旅で出会った「チベタンベル」です。

チベタンベルとは、チベットのお坊様が声明《しょうみょう》と癒しに使っていたベルです。

私はチベット時代の過去生が多いので、クリニックにはチベットの僧だった魂さんが集まってきます。ですから、ヒーリングの最初に、チベタンベルを二回奏でて、音のヒーリングをします。

お寺のような「チーン」という音がするクリニックはここだけだと思います。

家族でネパールに行ったとき、チベット人の女性が布を広げて、その上に四八個のチベタンベルを並べて売っていました。

今思うと、四八音（ヨハネ）だとわかり、その数に感動しますが、当時はたくさんあることに感動していました。

私は一個ずつすべてを三回ずつ鳴らして、一番美しく気持ちよく感じるものを選びました。

そんなに鳴らすなら何個でも買ってほしいという、女性の思いが伝わってきましたが、そのときは、自分にぴったりのチベタンベルを一つだけ選ぶということに集中していました。

やっと決まって大事に持ち帰ったものを、今でも診療のときに鳴らし続けています。高音のとても美しい響きで、こだわって選んだだけあって、これ以上自分にぴったり来るチベタンベルは見つかっていません。

チベタンベルは、クリスタルのヒーリングにも活用しています。

最初の「チーン」で、チベットのポタラ宮殿のイメージがパッと出てきたり、地球の中にあるシャンバラという桃源郷への入り口がパッと出てきたり、たくさんのチベット僧が読経している赤い風景が出てきたりと、音だけで不思議な体験を日々しています。

音で第三の目にスイッチが入って、あっという間に縁のある世界に飛んでしまうのです。

♪一音でまわる松果体、必要な世界へ導く～
チベタンベルの響きで、全細胞が歌い出す～
一音のスイッチ、一音の威力、一音での目覚め～

自然に歌ができました。

あなたも、もしスピリチュアルなお店で偶然、チベタンベルに出会ったら、そのときが導かれたベストタイミングです。鳴らして魂に響いたら、あなたのためのチベタンベルです。即ゲットして、瞑想の前に鳴らしてみてください。

一音で松果体がクルクルとまわりはじめて、素敵な世界へ導いてくれます。

「イルカホール」には、アメリカの原住民による手作りのドラがあります。ここでセミナーや講演会などのイベントがあるときは、歓迎のウエルカムサウンドとして、ドラを鳴らしています。

愛茶氣道のワークのときに、ドラを鳴らしたら、氣が充実して、不動心になりました。

音による調整も素晴らしいものがあります。

ＤＮＡを修復し、松果体を揺り起こす周波数

クリニックでの愛と笑いの過去生療法のときに、チベタンベルを使うと、その一音がスイッチになって、次々とそのときに必要な解放をうながす過去生のイメージが出てきます。

そのあと、サウンドヒーリングとして、いろんな音叉《おんさ》を鳴らしています。

まずは、傷ついた細胞やＤＮＡを修復するという五二八ヘルツの音叉からはじめます。癒しの倍音が出るように、一オクターブ違う音を連打します。

どこかで聞いたことがある音だと思ったら、仏壇の鈴《りん》の音にそっくりです。

ご先祖様に毎朝ご挨拶するとき、お線香はアロマセラピー、鈴はサウンドヒーリングですから、ご先祖様だけでなく子孫も癒されています。

クリニックの診療では、五二八ヘルツの音叉のあと、ハートを癒す音叉、のどを癒す音叉、第三の目を活性化させる音叉を鳴らして、そのあとに、ハンドヒーリングとヴォイスヒーリングをしています。

第三の目を活性化させる周波数は、八五二ヘルツです。

さらに頭頂部へと抜ける活性化の周波数は、九六三ヘルツです。

どちらも、ユーチューブで聞くことができます。

私のおすすめは、『『第3の目』を覚醒させる。エナジーミュージックで『覚醒Ⅰ』松果体を揺り起こす。松果体を活性化すれば〝開眼〟できる」という優しい音楽の動画です。崖の上で朝日を見ながら女性が瞑想している映像です。

なぜ、音が癒しになるのでしょうか？

それは、**魂自身が周波数を奏でているので、直接、共鳴するからです。**

もちろん、**音は、身体の振動にも影響を与えます。**

薬はどうしても副作用があるので、アメリカでは副作用のないサウンドヒーリングの研究が盛んになっています。

音叉のバイブレーションを身体のツボに入れる施術を五回行ったら、車椅子の人が走り出したり、自閉症で言葉が話せない子供が話しはじめたりと、不思議で感動的なエピソードがどんどん増えているそうです。

音の癒しは日本にも広がってきています。

水と音の研究をされている、増川いずみ先生によるサウンドヒーリングセミナーが、山梨県の小淵沢《こぶちざわ》で行われています。

私も七回参加して、その体験を診療に生かしています。

そこのセミナーで出会った大橋智夫さんが広めている水琴の音も、松果体をゆるやかにまわしてくれます。

手水鉢《ちょうずばち》の近くの地中の空洞に、排水が滴水化して落ちるときに発せられる音が、ヘルムホルツ共鳴（容器や空洞の中で共鳴が起こること）によって増幅され、出てくる音が高周波を出しているそうです。

また、クリスタルを溶かして作ったクリスタルボールも、チャクラを癒やす優しい響きを奏でてくれます。

もちろん、松果体も活性化されます。

最初はクリアクォーツのみでしたが、最近は進化していろんなクリスタルで作られています。

シャスタ山で体験したとき、カラフルなクリスタルボールの様々な音のシャワーに、松果体がとても気持ちよくまわって、意識が宇宙に飛びました。

和真音《かずしおん》さんの**シンギング・リンの響きも、癒し効果が抜群です。**

最初にシンギング・リンの音を体験したとき、太陽系の土星と木星のイメージが、すぐ近くにドーーンと感じられて、本当にびっくりしました。

「すごいですね、宇宙を感じます！　土星と木星をとても近くに感じました！」

「はい、それでこのシンギング・リンを『宇宙』と命名しました！」

と、まるでコントのような本当の話が、宇宙が広がるように展開しました。

シンギング・リンの「宇宙」は、頭にかぶって振動を脳全体で感じることができます。直接松果体を活性化して、一気に宇宙へとつなげてくれます。

「大地」は手の平に載る大きさで、地球の意識としっかり共鳴する素晴らしい響きです。

ぜひ、あなたの好きな音で、あなたの松果体を心地よくまわしましょう！

「第三の目」を開くために

歌によるヒーリング――自分だけの音魂と出会う

キリスト教の讃美歌を作ったドイツの修道女、ヒルデガルトについて、まず紹介したいと思います。

一二世紀に活躍した「女レオナルド・ダ・ヴィンチ」とヨーロッパで呼ばれているとてもスピリチュアルな女性です。

ヒルデガルトは、三歳のときから聖霊が見えていました。七歳のときに修道院に入り、いろんなことを学びながら成長しました。

兄の尽力のおかげで、ローマ教皇と会うことができ、出てくるビジョンを認めてもらえるようになりました。

大親友の修道士フォルマールの応援によって、一〇年もかけて『スキヴィアス（道を知れ）』という預言本を書きました。

それから約千年後の今、またヒルデガルトが脚光を浴びています。

ヒルデガルトは、七五曲もの楽曲を作詞作曲し、そのほかに音楽劇も作り、毎週金曜日に修道女たちが演じていました。

彼女が作曲した歌は、ずばり第三の目を活性化します。

不思議な旋律で鳥肌が立ちます。魂の奥深くに響いてくる振動です。

ユーチューブで聴くことができますから、仕事や家事をしながら、もちろん瞑想中でも聴いてみてください。実際に額の真ん中がジンジンしてくるので、よくわかります。

私も思いがけず、二〇一八年に二度目のドイツへの旅をしました。それもヒルデガルトのお祭りの日、命日の九月一七日に合わせて行くことになりました。

ヒルデガルトの曲を研究していて、ドイツの音楽大学で指揮を教えている日本人女性、天沼ゆうこさんに案内していただき、ヒルデガルトが四二年間も過ごした修道院の跡地に行くことができました。

ヒルデガルトが祈っていた聖壇が残っていて、そこで祈るととても光が強く、写真にも緑色の帯状の光があふれていました。今でもそこは、パワースポットになっています。

建物がなくなっているだけに、その場のエネルギーが強く感じられます。

命日に行われるお祭りに参加したとき、私はシスターの服を着て、ヒルデガルトが作った修道院へ、朝七時半のミサに行きました。

一番前の席で、シスター十数人による生の讃美歌に合わせて私もヴォイスヒーリングをすると、素晴らしい振動が響き渡りました。

それは、至福のときでした。自然に歌った響きがぴったりとヒルデガルトの讃美歌に一致していました。しかもそのコラボした歌声を聞いて、泣いている女性がいたそうです。

あとで聞いてとても嬉しかったです。

私もヒルデガルトのエネルギーを少し持っているので、私が奏でているヴォイスヒーリングも、ヒルデガルトの松果体をまわす讃美歌と同じ効果があるのだと思いました。

松果体が気持ちよくまわると、直観が冴え渡り、共鳴現象が起きてくるのです。

ヴォイスヒーリングに歌詞はありませんが、だからこそ、どの言語の歌にも合わせて共鳴できるのかもしれません。

歌詞から言霊を感じる

歌はメロディーから響いてくる「音霊」と、歌詞の振動である「言霊」が合わさって、私たちの魂に波動として伝わってきます。

たとえば演歌などは、愛のドラマのイメージが出てきて、自分の愛の体験を重ねて感情が解放されますが、ポップスやロックのように、意味不明の言葉の積み重ねでも、なんとなく統合された雰囲気が人々を魅了します。

自分の人生のパターンにぴったり合った歌が、魂に響いて、第三の目を活性化させます。

だから、人によって心に響く歌は違います。深く感情移入できて共鳴したときに、共鳴の喜びの舞のように松果体がクルクルとまわり出すのです。

同じメロディーが、繰り返されると、さらにまわりやすくなります。

あなたの好きな心地よい歌が、きっとあなたの松果体を気持ちよくまわしてくれると思います。

今心地よく感じる歌や音楽を大切にしましょう！　はまっている歌や音楽が、今のあなたの第三の目を開くのに必要な振動です。意識して、歌や音楽を聴きましょう！

自分の意識の変化によって、心地よく感じる歌や音楽は変わります。その変化も大切です。変化することを受け入れて、次々に必要な響きにはまって、受け取りましょう！　意識して取り入れましょう！

音霊によって、あなたの松果体はクルクルとまわり続けて、直観で生きられます。そして日々の生活を豊かに広げてくれます。

ハンドヒーリング——手からあふれ出る愛を、直接届ける

「第三の目」を開くために

ハンドヒーリングは、クリニックを開く前の、国立の精神病院で外来の診療をしている頃にはじめていました。様々なヒーリングの中でも、ハンドを一番早く取り入れました。手が早いのです！（笑）

国立病院でハンドヒーリングを行うのは珍しいことですが、でもこれが本当に効果的だったのです。

修学旅行に行きたくても夜尿症に困っていた小学校高学年の男の子が来診したときのことです。腎臓の部位へのハンドヒーリングを、両親が五分ずつするようにアドバイスしたら、ピタッと夜尿が止まって、無事に修学旅行に行けました。

たった五分、両親からの愛のエネルギーをもらうだけで、寂しかった心の穴が埋まったのです。子供はそれだけ、愛のエネルギーを求めています。

また自閉症で言葉が話せない中学生の男の子が、毎日学生服をほどいて、フランケンシュタインのようになって学校から帰ってくるというケースがありました。そのときも、

息子さんの背中にお母さんの手を置いて、五分間ハンドヒーリングをするように提案すると、学生服をほどいてバラバラにする習慣がピタッと止まりました。毎日、ミシンで学生服を泣きながらもと通りにしていたお母さんもほっとしました。

ハートからあふれ出る愛は、手から出ています。

手のぬくもりと一緒に、愛のエネルギーがピンク光線で出てきます。それが直接、必要なところに届くと、愛のパワーで好転するのです。

一番ほしい人からの愛を受け取ると、より効果的です。

「愛がほしい」ということを、症状に出して訴えているので、直接愛のエネルギーを受け取れたら症状は消えるのです。

愛のエネルギーの素晴らしさを体験して、私は**「愛のサンドイッチ」**というハンドヒーリング方法を思いつきました。

それはずばり、松果体に直接愛のエネルギーを送る方法です。

まずは、ヒーリングさせていただく前に、相手にご挨拶をします。

「これから、ハンドヒーリングをさせていただきます。おでこと首の後ろを触りますね」と伝えます。いきなり触らないように配慮しましょう。

そして、**ゆっくりと、利き手をヒーリングする相手の首の後ろに、反対の手をおでこに当てて、両手で優しく愛で包むようにして、一分間くらい愛を注ぎます。**

この「愛のサンドイッチ」で、両手に挟まれた脳の奥の松果体に、直接愛のエネルギーを注ぐことができます。シンプルですが、確実に愛が伝わります。

第三の目が開き、松果体から自律神経に伝わって、体調までよくなります。手から出る愛のエネルギーが、魔法のように相手を癒し、元気づけ、すべてを好転していきます。ぜひ試してみてください。

愛のパワーは、何よりも素晴らしいのです。

なぜなら、宇宙が愛で満ち満ちているからです。

ハートから愛を出すと、即宇宙の愛と共鳴して、あっという間に宇宙が応援態勢になるのです。

愛の波動は高く、特に無条件の愛の波動は宇宙とつながり、天とつながり、万物すべてとつながります。

そして、愛は、誰もが無尽蔵に持っているエネルギーです。

人によって愛の出し方に違いが出てくるのは、今までの体験から愛の表現が違うだけです。愛がないのではなく、どのように表現したらいいかを知らないだけです。

私たちは、愛がないと生きていけないので、誰でも、無尽蔵に、まるで井戸の水のように、愛の井戸は涸れることなくあふれ出ています。それをどれくらいくみ出せるかです。

「手」を「愛」に置き換えて、愛あふれる毎日にしましょう！

手をかける＝愛をかける。

手抜き＝愛抜き。

手料理＝愛あふれる料理。

手仕事＝愛のこもった仕事。

手がかかっている＝愛がたくさん入っている。

手加減＝愛加減。

手をつなぐ＝愛をつなぐ。

合いの手＝愛の手。

日本語には、とてもスピリチュアルなわかりやすい表現がありますが、**「手＝愛」**だったのです！

千手観音ワークで、あの手この手で、応援をもらいましょう！

手がいっぱい、愛がいっぱいの千手観音を意識しましょう！　私自身、三〇号サイズ（九一〇センチ×七二七センチ）の千手観音の絵を描いて、「天の舞」のショップに飾っています。さらには、千手観音の仏像を彫りたくて、東京まで仏像彫刻を習いに行っています。小さな不動明王像を彫って、不動明王が大好きな主人にプレゼントしました。今は如《にょ》意輪《いりん》観音を彫っていますが、そのあとは念願の千手観音を彫りたいと思っています。

手をたくさん持っておられる千手観音を意識しましょう！

手の数ほど、愛の手、つまり具体的な愛の表現方法が増えて、愛を届けやすくなります。

松果体の象徴、松ぼっくりも、まるで手がたくさん出ているように見えます。岡本太郎さんの絵『千手』も松ぼっくりのように見えます。

私たちの内なる宇宙の千手観音を意識して手を増やそうと思うことで、愛の表現が広がっていき、松果体もクルクルまわりはじめます。

愛の波動は、宇宙そのものなので、松果体が喜んで宇宙とつなげてくれるからです。

千手観音ワークをここで披露しましょう！

「あの手、この手の千手観音」と唱えながら、右手、左手を出して、「千手観音」のところで両手で円を描きます。

「あの手、この手の千手観音」

「あの手、この手の千手観音」

「あの手、この手の千手観音」

三回行えば、あなたの内なる宇宙から千手観音様が「お呼びですか?」と現れて、あの手、この手で応援してくださいます。

とても助かるので、ぜひやってみてください!

座禅――自律神経を調整する
「第三の目」を開くために

毎朝座禅をしていることはすでにお話ししましたが、実は座禅でも第三の目が開きます。

座禅は、肉体の目を開けて、呼吸に集中して呼吸数を数えることで、雑念を払います。

ゆっくりと呼吸して、呼吸の数を数えることによって、自分の内側に意識を向けるので、見えても見えていないという状態になるのです。

これは仏教で言う半眼《はんがん》状態で、このとき第三の目が開くのです。

それを実際に体験しているのが座禅断食会で、春と秋の年二回、沖縄で野口法蔵師匠の指導で開催しています。もう五年目になります。

二泊三日の短時間ですが、座禅を三日間で一五回することで、空腹感が感じられず、効果的に宿便が取れて、楽に断食ができるのです。

この状態を維持できると、ますます第三の目が開いてきて、対座している人のエネルギーの流れが見えるようになります。

肩や頭から湯気が出てきて、デトックスされているのがわかります。

三日目になると、対座している人々が調和されたエネルギー状態で、美しく蓮の台座に乗っているように見えて、深い感動に包まれます。

法蔵師匠の妻・野口令子さんは、仏画家です。令子さんが墨で描いてくれた千手観音の掛け軸を、座禅断食会のときに、前に座っている法蔵師匠の後ろにいつも飾ります。ちゃんと千本の手が墨で描かれています。

千手観音を中心に置くことで、私たちの内なる宇宙から千手観音を引き出し導いてもらうのです。

ときには、座禅中に、千手観音様がイメージで見えることがあります。そして、そのときどきに必要なメッセージが届けられます。

もう一つ、**座禅の素晴らしい効果は、自律神経の調整**です。

松果体は、自律神経の調整ができるシステムもあるのです。

つまり、内なる宇宙とつながるだけでなく、身体のバランスを整えて、心身共に健康になることができます。

頭の中の小さな松果体が、とっても大きな働きをしているなんて、本当に素敵です。

早朝に座禅すると、松果体がまわるうえに自律神経が整い、一日のはじまりがスムーズになります。

ヴォイスヒーリングとお経の素晴らしいコラボレーション！

二〇一九年三月の座禅断食会のあとで、「お経＆ヴォイス」のＣＤを作るために、法蔵さんの唱える般若心経、観音経、チベットの曼荼羅経と私のヴォイスを「海の舞」の「イルカホール」で録音しました。令子さんの千手観音の仏画を飾って、それを見ながら録音しました。再び千手観音の登場です。

座禅断食を終え、波動が澄んだ状態だったうえに、千手観音様のパワーもいただいたので、息もぴったり、すべて一回で令子さんからＯＫが出ました。

「これでいい！　やり直し必要ないわ！」

令子さんは、いつも本音で生きているので、本音しか言わない人生の達人です。

千手観音様はエネルギーを送って応援してくださると思っていたら、それだけではありませんでした。なんと、千手観音様が指揮者になってくださったのです！

観音経を唱えているとき、千手観音様が千の手の道具の中から指揮棒を取り出して、指揮をされているように見えたのです。びっくりポンでした！

「啓子ちゃん、ここは、盛り上がるのよ〜。ここは静かに〜」と指示通りにヴォイスを歌ったらお経とハモッて、それは気持ちのよいコラボになりました。

素晴らしい響きのお経を聞くと、松果体が活性化しますし、ヴォイスヒーリングも愛のシャワーなので、松果体が気持ちよくまわりはじめます。

お経とヴォイスヒーリングのコラボは、その相乗効果が期待できます。

この本が出版される頃には完成していると思いますが、このCDのジャケットは、海の曼荼羅の絵で、「海の舞」の和室に飾られています。

実はこの絵はネパールで手に入れたのですが、売り物ではなく、仏画屋の看板として飾られていたものでした。私はこの絵を見たとたん、走り出して、近くでよく見ました。見ているうちに、どうしてもほしくなってしまいました。守護天使の桜ちゃんも、

「啓子ちゃん、これはどうしても必要だから、頑張ってみて〜」

と応援してくれました。

そこで私はどんなにダメだと言われても不動心になり、魂を込めて懇願して、ようやくゲットしたという貴重な曼荼羅です。

高僧が描いた見事な曼荼羅で、私の背よりも大きな絵です。

その後の大きな地震でそのお店はつぶれたので、無事に生き残った奇跡の曼荼羅となりました。諦めないで頑張って本当によかったです。

曼荼羅は宇宙図なので、第三の目が確実に覚醒します。

さらに、この曼荼羅を見ながら座禅をすると、そのときの調子によっては、曼荼羅が迫ってくるように見えたり、吸い込まれるように見えたりと、いろいろ見え方が変わるの

で不思議です。

この曼荼羅のそばで一度寝てみたことがありましたが、やはり宇宙に意識が飛んで、ビンビンにすごいパワーを感じました。

松果体がクルクルずっとまわり続けていて、縁のある星からの情報とパワーをもらえたように感じました。

寝ている間に活性化されるのは、効率的です。睡眠時間は短くなりますが、癒し効果と宇宙とつながる体験とで、相乗効果を得ることができます。

「第三の目」を開くために
能――エネルギーの軸が明確になる

二〇一八年一二月、イスラエルへカタカムナの巡礼の旅に行ったときに、創作能『カタカムナ平和の詩』を現地で何度も演じました。

カタカムナ学校一期生で、能を四六年間もやっている黒田順子さんと一緒にイスラエルに行くことになったので、カタカムナの平和への思いを詩にして、黒田さんの師匠の観世流シテ方能楽師、井上和幸先生に五七調の謡《うた》いに変えていただいたのです。

私たちイスラエルに行くチームは、カタカムナ学校の授業のあと、井上先生にお願いして、にわか練習もして、創作能を現地で披露するということになりました。

着物を持っていくので大がかりですが、以前、大阪の岸和田での講演会のとき、鶴が舞う真っ赤な打掛《うちかけ》で能の『羽衣』の謡いの衣装を作ってもらったので、それを持って行きました。

亡くなった母も晩年に能を習っていたのですが、母の一周忌の法事のときに、母が『羽衣』の衣装で舞ってくれたイメージを見たことがきっかけで作ってもらった衣装でした。

『羽衣』は、この世とあの世をつなぐ舞だそうです。

すべてのことが、このように見事につながっていくのですから、人生は本当に面白いです。

ローマ人が作った円形劇場で創作能をはじめると、言霊の振動を感じてなのか、どこからともなく高校生がやって来て、見終わったあとに拍手喝采とハグの交流になりました。

異国の若い世代の人々に、こんなに日本の伝統である能が伝わることが嬉しくて、心からハグし合いました。

「いつか日本に来てね〜」

「絶対に行くよ、日本大好き！」

「日本語をよく知っているのね？」

「日本のアニメで覚えたよ！　日本大好き〜」

と、嬉しい返事がすぐに返ってきました。

能の響きが外国人の魂にも響くのだと、体感しました。

「東の国のカタカムナ〜伝えんために我来《きた》る、伝えんために来りたり〜」

「**目覚めよ悟れ、人々よ〜**、目覚めよ悟れ、人々よ〜」

「**世界は家族、一つなり〜**、世界まほろば今ここに、宇宙まほろば今ここに〜」

などのフレーズが好きで、そこだけ何度も繰り返し、声に出したくなります。

松果体がクルクルと心地よくまわり出すからです。

井上先生は、「健康能楽」を提唱され、能が自然治癒力を高めることを教えながら、実践されています。

黒田さんが病気になったとき、難しい手術の間、井上先生と門下生たちが能をして、遠隔治療のように言霊を響かせてくれて、手術が奇跡的な大成功になったそうです。

能には、次の三拍子がそろっています。

1）言霊を振動で何倍にも伝えることができる
2）すり足で普段は使わないインナーマッスルを使うので、脳を活性化できる
3）面《おもて》の小さな穴から世界を見ることで、第三の目を活性化できる

さらには、自分のエネルギーの軸がはっきりとするので、落ち着いてゆったりと行動できて、動きにも美しさがにじみ出てきます。動きが黄金律になっていきます。そこにいるのかいないのかもわからないくらいに、ぴったりと完璧に宇宙とつながり、宇宙のリズムと同調することができるのだそうです。

面をかぶって、小さな穴から外を見ますが、それがちょうど、第三の目から見ているような感じだそうです。

能のおけいこで、先生の解説から第三の目という言葉が出てきたときにはひっくり返りそうでした。第三の目が、日本の伝統芸能につながっていくとは、びっくりです。シンクロニシティが発動していました。これは絶対にこの本に書かなくてはと、使命感がむくむくと湧いてきました。

能は、声の響きが素晴らしい振動になって、宇宙に発信されます。

いつもと違うお腹の底から湧いてくるような響きが心地よく、全身を駆け巡ります。身体が本当に楽器になったかのように、とてもよく響くのです。

「ちはやぶる〜」という神様を呼ぶ枕詞《まくらことば》をゆっくりと響かせると、本当にあっという間に、その場の時空が変わって、不思議な時空間が展開します。

面をつけることで、視界に見える像が松果体と結ばれるのだそうです。

能の世界は奥が深くて、面をつけると無表情に見えるのですが、その人の中の顔が見えてくるそうです。同じ面でも、つける人によって、表情が変わってくるそうです。面をつけるほど内面が外に出るとは、びっくりです。

「第三の目」を開くために
瞑想――自分の内なる宇宙とつながる

一番一般的な開眼方法が、瞑想です。肉体の目を閉じて、リラックスして自分の中に意識を向けて、集中します。

肉体の目を閉じると、額の中心にある第三の目が自然に開いてきます。寝る前の瞑想を習慣にすると、静かに、穏やかに眠りにつけるので、とてもおすすめです。

「明想」で覚醒された上江洲先生のことは、自著『笑いの秘密』（廣済堂出版）の本ではじめて紹介しましたが、面白いエピソードが満載の先生です。

龍の親分、九頭龍のようなパワーを持っておられ、若い頃からスピードが大好きで、乗馬やスポーツカーをこよなく愛していました。

上江洲先生は、「天の舞」や「海の舞」の近くの眞栄田岬で、毎晩真夜中から朝方までの四時間、一四年間明想を続けていました。

あるとき、夜なのに昼間のような明るい光に包まれて、すべてが光輝く世界になり、「我神なり、我愛なり、我無限なり、我いのちなり」という心境に到達されました。

それ以来、日本各地、世界各地で、宇宙の真理を説く光話会を開催し、**明想をすれば、自分の中の宇宙とつながって、根源のユートピアの世界に到達する**ことができるということを、人々に伝えてこられました。

光話会では、一〇〇人くらいの参加者さんが同心円上に座って、明想をはじめます。

上江洲先生の「オーム」という声の響きを聴きながら、第六チャクラに意識を向けて、自分の奥深い内なる宇宙に入っていきます。

会場に流れる「オーム」という波動は、宇宙創造のバイブレーションです。

この「オーム」に合わせて、意識を無限に拡大していくと、自分が全体であり、全体が自分であるという境地になっていきます。

我はすべてであり、すべては我なり。

我すでにいのちなり、我すでに神なり、我すでに真理なり。

意識の旅が明想の中で、自由にはじまります。

台湾での光話会のとき、一時間半講演させていただいたことがあります。

そのとき、講演のあとの明想で、私も根源のユートピアの世界に行くことができました。

それは至福の体験で、生涯忘れることはないと思います。

緑豊かで、川と渓谷と湖があって、様々な花が咲き誇って、桃源郷の世界に意識が入り込んでいきました。人々の幸せと喜びの笑い声にあふれています。そこを意識で飛びながら、自由自在に移動して、楽しい時空間を味わいました。

このあまりにも至福の体験は、今まで頑張ってきたご褒美に違いないと感じました。

上江洲先生の『明想』という小冊子には、明想中の呼吸についてこのように書かれています。

「インドでは、呼吸法で、明想に入っていく方法を教えている方もいます。

我々、本来は、肉体にあらず、心にあらず、感情、五感、理性にあらず。最終的には、息にあらず、息を超えるのです。

しっかりと、六番目のアジュナチャクラ、叡智の霊眼・水晶球、神を見る目といわれているところに集中します」

ここで上江洲先生が水晶球、つまり松果体のことを表現されていることにびっくりしました。

松果体は、ケイ素からできているまさに水晶球なのです。まるで、お墨付きをもらったように、嬉しくなりました。

最初に私が上江洲先生にお会いしたとき、身体に電気が走るような化学反応が起こりました。身体の七つのチャクラが一気に混ざって、喜びのあまり虹色光線が乱射して、クルクルまわり出したのを覚えています。

ずっと上のほうの時空で、たくさんの龍たちが踊っていました。

たくさんの天使たちも集まってきて、まるで天使の集会のようになりました。

小さいときからずっと難病を乗り越えながら祈ってきて、やっとその答えの響きをしっかりと聞くことができました。

「海の舞」オープンの対談講演会で、

「あなたが祈った通りに、私がそれを叶えました」

と感無量の一言をいただきました。

その淡々とした中にある深い愛に触れて、涙がとめどなく流れました。祈りが聞き届けられたという手ごたえを全身全霊で感じたからです。

上江洲先生も、明想で覚醒した眞栄田という場所に、「天の舞」と「海の舞」が作られていることにびっくりされていました。

意外性が大好きな私には、ぴったりのシナリオです。

想定外の出来事の中に、宇宙の真理の面白さがあります。大きくジャンプする展開だからです。

環境も個性も大きく違うけれど、それぞれが宇宙の真理を目指して、ここまで歩んできたことに、感動と尊敬の念があふれてきました。まさか、また今生で再会できるとは、夢のような喜びです。

ユートピアへのはじまり

そして、いよいよ地球ユートピアへの道が、本格的にはじまります。平成から令和に変わるとき、新しい天皇が誕生するタイミングに、平和への聖なる鐘が天界で、そして地球の中で響き渡ります。

日本が地球の平和のリーダーになるということは、いろんなかたちで予言されていましたが、本当にそのときを迎えました。

このときに合わせて、私たちは地球への転生を繰り返してきました。自分にとって最高のタイミングに合わせて、このときを迎えています。

地球人類の総決算のときです。

私は東京にいた頃、インディアンのホピ族の村にある「予言の岩」を訪ねたことがありました。

そこで昔、酋長だった父から、「おまえは、このひょうたんで亡くなり、そしてまた生まれ変わって、ここに来る。そのときが、七度目の地球人類が迎える大きな目覚めのときだ。やっと文明を壊さずに次の高次元へと向かうことができる。それに合わせて、今回生まれ変わっているのだ。しっかり味わって進みなさい！」

と言われたことを生々しく思い出しました。

そのときが、まさに今なのです。

昭和から平成、そして令和の時代へと引き継がれてユートピアへの道にまっしぐらです。わくわく楽しむことで波動が上がり、さらに高みへと導かれます。

どんなことがあっても、不安がらずに面白がることで、波動は下がらずにキープできます。

祈りに転換すると、さらに波動が上がっていきます。

奇跡の大変革のときを、松果体を活用し、第三の目を開いて、しっかり次の時代に向かいましょう！

今、自分が何をすれば魂が喜び、松果体が気持ちよくまわって、自分の使命を果たしていけるのか、それぞれの活躍のときを迎えて腕が鳴ります。

このスペシャルな時代を楽しみましょう！

第五章

奇跡を起こして生きる

人生は「愛の表現」の探求。どんどんときめき、感動しましょう

私たちの魂は、愛の星・地球が大好きです。地球で何度も生まれ変わって、「愛の表現」を学んできました。

愛を学ぶために地球を舞台にいろんなドラマが展開してきました。

愛は無限に内在していますが、大切なのは、愛をどのように表現するかなのです。

その人なりの「愛の表現」しかできないのですが、愛の星・地球を舞台にして、**様々な人生を体験する中で、「愛の表現」を探究してきました。**

今、令和の時代を迎えて、いよいよ「愛の表現」を統合して、愛いっぱいの地球という星が、自分らしさを精一杯に表現して、宇宙に「我愛なり、我ここにあり」と宣言するときが来たのです。

私も、以前愛について『あたたかい愛に満たされて生きる本』（青春出版社）で詳しく書いたことがあります。わかりやすいと好評をいただきましたが、本書を書いているタイミングで、この本が『その愛を知るためにあなたは生まれてきました』という新しいタイ

トルになって再販されることになりました。原稿を読み直して、自分が書いた愛の本に感動しています。

ちょうど、愛を知る県、愛知県の名古屋で過去生療法セミナーを開催したときに、「まるで、みなさんのために世に出る愛の本です」とその本を紹介しましたが、ご縁ができたあなたにも、ぜひ読んでほしいです。

宇宙が愛に満ちていることは、当たり前のように感じてきましたが、いよいよハートからあふれる愛のエネルギーで、松果体が気持ちよくまわることに、気づいてきました。

愛が宇宙にあふれています。
すべてのいのちが愛でまわっています。

私たちが永遠のいのちを持っているように、宇宙は愛に満ちて、すべての銀河や星は愛で動いているのです。そこに住むいのちも、愛で輝いています。

銀河も渦を巻いてまわっているように、宇宙にはじっとしている星はありません。

いのちは、スピンしているから生き続けることができるのです。

星と星の間をつなぐ宇宙船も、船長の愛のエネルギーが磁気タービンに変換されてまわっています。船長が生きている間は、宇宙船が自由に瞬間移動できるのです。

宇宙のすべてが愛のエネルギーで動いているのです。

これが**宇宙の「愛の法則」**です。

愛のエネルギーで、分離という錯覚を溶かし、かつてはすべてが一つの大きな光だったことを思い出すために、愛でつながっていきます。

〝愛ボンド〟で、人と人が、国と国が、そして世界が一つにつながっていくのです。

愛があふれていると、松果体がクルクルまわります。まるで愛が松果体のエネルギー源のようです。

感動しても、松果体がまわります。感動はハートチャクラを開くからです。

ハートチャクラが開くような体験をすれば、自然に愛のエネルギーがあふれ出て、それに反応して、松果体が活性化していきます。

愛する人とラブラブして、直接体験することが一番効果的です。

生殖器のところにある第二チャクラのエネルギーセンターが燃えて、そのエネルギーがらせん状に上がることで、頭頂部のエネルギーセンターまで活性化するからです。

ときめくことは、スピリチュアルにも素晴らしい影響を与えるのです。

また、恋愛小説を読んだり、恋愛ドラマや映画を見たりしてときめくのも効果的ですから、大いにはまってください。

エネルギーを自在に操《あやつ》る「仙人」を目指す！

私は中国の壮大なドラマ『永遠の桃花〜三生三世』（中国語のタイトルは『三生三世十里桃花』）にはまりました。

これは仙人の世界の話ですが、いろんな恋愛ドラマが描かれています。しかも登場人物がイケメンと美女ばかりです。いつでも桃の花が咲いていて、まさに桃源郷の世界が味わえるのです。

主人公の白浅《はくせん》は白い九尾狐で、男装して修行したり、人間界で恋をしたりと、盛りだくさんの恋愛ドラマです。彼女の姪の白鳳九《はくほうきゅう》は薄茶色の九尾狐ですが、結ばれない帝君をひたすら愛し抜く姿に感動します。なんとか結ばれてほしいと思いながら見ていました。ぜひ続編ができて、結ばれてほしいです！

そして、このドラマが松果体に効果的なのは、仙人たちの使う仙術です。飛んだり、消えたり、現れたり、物を出したり、消したりと、エネルギーを使う面白さが満載です。

イントロの歌と映像の中に、天界で天女たちが飛びながら舞っている光景があります。

それを見るだけで、飛ぶ、舞うという感覚が戻ってきます。

映像で見ることによって、高次元での感覚を思い出せるのです。

まさに仙人の状態が、私たちの目標です。これこそが、松果体が全開したときに行きつく姿なのです。自由自在にやりたい放題です。

実は、私も人生をやりたい放題に生きています。自分の思いと天意が一致しているので、すべてが実現しています。ときどき魔法も使います。使えることを知っているからです。

私も中国時代、仙人だった過去生があるので、「一人なのに、なぜ仙人（千人）〜」というギャグをよく使っています。

ドラマのイントロで、白浅が飛んでいるシーンを見ると懐かしくなります。

飛行機が飛んでいる一万メートルの高度が、ちょうど仙人のときに飛んでいた高さです。

仙人時代、高度一万メートルの時空を整える仕事をしました。私は飛行機に乗るのが大好きですが、それは仙人時代に飛んでいた高さを感じられるからです。

今ちょうど、飛行機の中でこの原稿を書いていますが、この一万メートルの高さが心地よくて、松果体がまわっています。

外を見ると、一緒にたくさんの龍たちが飛んでいます。伴走ではなく、伴飛びです。

仙人界での二か月は、人間界の六〇年にあたります。時間の感覚も、記憶の感覚も違います。

ちょうど、クリニックにいらした女性が、中国の仙人の過去生がイメージで出てきたので、このドラマを紹介しました。一緒にいらしたお友達も天女だったので、きっとお二人ではまって見ていると思います。

中国の方がこんなに素晴らしいドラマを作ってくださって、本当にありがたいです。脚本が素晴らしいのだと思います。

もちろん、恋愛ドラマなので、男女の愛、そして仲間への愛、いろんな愛のかたちを学べます。

どの世界でも普遍的な愛のテーマを意識しながら、日常を濃く演出してみましょう！

今のあなたにぴったりの愛のドラマが見つかると思います。

怒りや悲しみの感情を、悪者にしないで！

世間では、感情的になってはいけないと思われています。

ところが、感情は、とても大切なエネルギーなのです。

自分の感情を抑え込まないで、小出しに表現するのは、エネルギーの流れをよくするために大切なことなのです。

怒りは正当に扱われないときに感じる感情です。

これを我慢すると、肝臓にたまって、肝臓の機能が低下します。でも、怒りは出してはいけないという思い込みが日本にはあります。

怒りを感じたそのときに、すぐに表現すればいいのです。そのほうが相手もわかりやすくて、理解できるからです。

「今のその表現はきついです。もう少し柔らかく言ってください」と穏やかに言えます。

それを、「昨日のあの表現は〜」とか、一週間前、一か月前のことを持ち出して言われると、そんなに根に持っていたのかと、びっくりします。一年前、三年前となると、怖くなってきます。

一〇〇年前、二〇〇〇年前はもう怒りを感じた本人も覚えていなくて、それこそ異常反応になります。

肝臓にたまった怒りがあふれてくると、潜在意識にたまっていきます。それがあまりにも古くなると、次の生まれ変わりに持ち越されてしまいます。

怒りを感じたときに、似たような状況を思い出して、何倍にも反応して怒って解放しようとします。

必要以上に怒りが出るときは、昔の怒りがついでに出ているのです。

怒りの感情を大切にするということは、我慢しないこと。小出しにして、ためないことです。

ためるとエネルギーをブロックして、エネルギーの流れが悪くなり、松果体の動きも鈍くなっていきます。直観がなくなり、どんよりしてくるのです。

あまりにも悲しいと泣けないときがあります。でも、安心できると感じると、私たちは泣けます。

悲しみを解放するとき、私たちは時と場所と人を、選んでいるのです。

もし、あなたの前で人が泣き出したら、あなたが安心できる人だからです。優しく見守って泣かせてあげましょう。あなたも似たようなパターンを体験しているので、受け入れることができるのです。

クリニックで過去生療法をしていると、詰まっていたハートが開いてパァーッと明るくなり、光があふれてきます。

そして固まっていた松果体がクルクルまわり出し、肉体の目もキラキラと輝き出します。いろんな時代で抑え込んできた感情を解放すると、すっきりして背中が軽くなり、笑顔になります。私はその変化を見るのが好きで、クリニックを続けてこられています。

沖縄に移住してきた女性が、ちょうどふる里に戻る直前に、受診の予約が取れたのでクリニックに来ました。

背中にあったぶ厚い感情の鎧が二枚くらいずるずると解放されて、背中がすっきりと軽くなったのが、本人にもわかったようでした。

「わーー、背中が軽いです。ずっと重かったんです。嘘みたい〜」

と大喜びしながら、肩をぶんぶんまわして喜んでいました。

アロマを嗅ぐと、香りの分子が脳細胞の嗅覚細胞から脳の中心の脳幹にまで届き、あっという間に、記憶野の海馬と扁桃核を刺激して、過去生にたまっていた感情がすっきりと解放されます。

両手に握っていたクリスタルが、ブロックになっていた感情のエネルギーを吸い取ると、どどっとエネルギーが流れて元気になります。

ハンドヒーリングで手から愛のエネルギーを出して、心の傷であるトラウマを溶かしていきます。

そしてヴォイスヒーリングの音霊、愛の振動でブロックがさらに解放されて流れていきます。

エネルギーをブロックしていたのは、古い感情だったのです。

感情を悪者にしないで、大切にしましょう！

感情を認めてあげて、愛で溶かして解放しましょう！

感情はためないで、早目に小出しにしましょう！

感情にも色があります

感情にも色があります。

怒りのエネルギーは、最初は赤い色ですが、たまってくると赤黒くなり、古くなるほど黒っぽくなってきます。喜びのエネルギーは黄色で、魂が喜ぶとゴールドになります。幸せを感じているときの色はベビーピンクで愛があふれています。

悲しみは、ブルーです。

マリッジブルーやマタニティブルーなど、喜び事なのに悲しく感じるのは、過去生の記憶から来る悲しみで、今生の結婚や妊娠に対してではありません。

過去生でつらい結婚、悲しい結婚をしていると、今生で好きな人との結婚が決まったのに、なぜか悲しくなるのです。

過去生でつらい妊娠、悲しい妊娠していると、今生で好きな人の子供を授かっても、なぜか悲しくなるのです。

悲しい感情を持つことで、本人も覚えていない昔の感情を解放しているのです。

いつも元気な私も、たまには早く光に帰りたいと思うことがあります。頑張りすぎて、燃え尽きて、エネルギーが動かなくなるのです。それでも「天の舞」の「天使ルーム」でとろけるアロマの癒しを受けられるので、なんとか乗り切っています。「啓子先生、二番目と四番目のチャクラが大変なことになっています。ゆっくり休んでください。今、本は書けません。休んだら一気に書けますよ！」とアドバイスを受けました。休めたらいいのですが、やはりキーボードを打ち続けています。

落ち込んでいるときに、びっくりの大爆笑エピソードがありました。ネットで頼んだ商品が届いたのですが、あて名が「落ち込む啓子様」になっていたのです。「越智」の漢字変換を間違えたのでしょうが、まさかの「落ち込む」になっているなんて、できすぎです！　よくその名前で届いたと思います。郵便局の人も、大笑いだったのではないでしょうか。

思わず、友人にラインで写真を送ったら、大爆笑で、「フェイスブックに載せたら、絶対ウケる」と言われたのでアップすると、やっぱり大反響でした。「いいね」が一五五二、コメントが九五もありました。

間違いは、笑いのもとです。

みなさんに笑いを提供できたので、自分も浮上してきました。笑いの癒しは、素晴らしいです。

泣いて笑って、感情を大解放！ 光がどんどんあふれ出す！

泣くことと笑うことは、最大の癒しです。

沖縄の有名な歌に『花〜すべての人の心に花を〜』という歌がありますが、その歌詞に「泣きなさい〜」「笑いなさ〜い〜」という素敵なフレーズがあります。泣いて、笑って、感情解放です。

そう言えば、イスラエルに行ったときから、右目だけ、涙が出て止まらないのです。ずっと解放している悲しみがあるのでしょうか？ 不思議な涙です。

『古事記』には、イザナギの左目からアマテラスが、右目から月読命《つくよみのみこと》が、そして鼻からスサノヲが生まれてきたと記されています。

月読命は、夜を司る月の神様です。悲しみの感情にはぴったりの神様です。
お隠れになったアマテラス様も、笑いで出ていらしたのですから、笑いの威力はすごいのです。

泣きましょう！　そして、笑いましょう！

ため込んだ感情をすべて解放できれば、自然に笑顔があふれ出てきます。

今日の怒りは、今日出してしまいましょう！

あなたの周りに、必要以上に怒っている人がいたら、昔の分まで吐き出していると思って、大目に見てあげましょう！

あなたのせいではないのです。ついでに出したかっただけなのです。

すっきりしたら、松果体が気持ちよくまわります。クルクルまわって、宇宙のパワーがあふれてきます。クルクルまわって、奇跡的な人生を楽しみましょう！

こうして感情を解放して、潜在意識がすっきりすると、私たちは自然に笑顔が出てきて、面白い性格、とてもひょうきんになります。

もう生まれ変われないと言われているダライ・ラマ一四世さんも、とてもひょうきんでユーモアがあります。

マザー・テレサさんも、ユーモアのセンスが素晴らしく、周りはいつも笑いでいっぱいだったそうです。

「愛の表現の最初にできることは、笑顔です。これはすぐにできるので、常に笑顔でいましょう！」

と、笑顔で愛をふりまくことを推奨していました。

笑顔の波動は、五次元以上の光の世界に入ります。ユートピアの象徴が笑顔いっぱいの人々なのですから、平和そのものを表しています。

笑顔の素敵な人は、それだけで地球へのユートピア活動に参加しています。

ギャグを言って大爆笑になったら、六次元の光の世界に飛んで、それだけで地球の平和に貢献しています。

笑いは、そのまま光を呼ぶのです。

今日もたくさん笑いましょう！

スピンしながら宇宙とつながっていく

松果体がクルクルと気持ちよく回転していると、直観が冴えた状態を保てるので、びっくりするようなことが当たり前に起きるようになります。

私たちは、回転やスピンが大好きです。

食べるときにも、回転寿司があります。中華のテーブルも回転しますし、クラシックバレエも、社交ダンスも、あらゆる踊りは回転します。

子供たちが大好きな遊園地にも、回転するものがたくさんありますし、私も観覧車が大好きです。

フィギュア・スケートの羽生結弦《はにゅうゆづる》くんは、手足が長くて、天使のように中性的な魅力で、素晴らしいスピンを見せてくれます。四回転もするのを見て、私たちは感動します。

美しいスピンはフィボナッチ数列になっていますが、これは宇宙の様々な生命のかたちを作っています。

アンモナイト、オウム貝、シダの若い芽、銀河の渦、ひまわりの花の種、台風など、自然界にはたくさんフィボナッチ数列が見られます。

しかも、フィボナッチ数列の隣り合う数字は、黄金比になっています。たとえば、二五八四を一五九七で割ると、一・六一八という黄金比になっています。

これが、大きな意味を持っています。

黄金比は、宇宙エネルギーが直結している、調和のリズムなのです。

宇宙は、すべてが渦巻き状にスピンしているのです。

銀河も渦巻き状にスピンしています。

水も、台風も、スピンしています。

もちろん、松果体のエネルギーもスピンしています。瞑想すると、気持ちよくクルクルと松果体のエネルギーもまわります。瞑想すればするほど、内なる宇宙とどんどんつながるのです。

これは快感にもつながり、心地よさを求めることはエクスタシーにも通じることです。

チベット仏教の最後の修行は、タントラ、男女の合体の瞑想で宇宙に飛ぶことです。そのエクスタシーの中に宇宙を感じられることを知っていたのです。

以前、鹿児島で海の近くの温泉に入っているときに、龍が二柱合体して、渦を巻いて

（というか龍巻になって）、スピンして登っていくのを見たことがあります。そのとき、自分の額の真ん中の奥の松果体もクルクルスピンして、宇宙の奥深くまで到達する感覚になりました。

二柱の龍の合体の様子は、数字の「8」に見えて、それは龍の数字であることを、映像でしっかり見ることができました。

「8」は、横にすると、無限大（∞）を表す記号になります。永遠循環しているかたちです。

フィボナッチ数列の中には、龍の八だけでなく、ルシファーの数霊五五と、イエス・キリストの数霊一四四が含まれています。

松ぼっくりのかたちをした松果体に、大切な数字が三つも含まれているとは、本当にびっくりです。

ということは、内なる宇宙へのスイッチを、私たちが持っているようなものです。

無条件の愛、無限の愛そのもののキリスト意識が、宇宙の愛とつながる大事な根源なのです。

フィボナッチ数列の数霊エネルギーが、すべての人の松果体に含まれているのですから、実は、龍にも、ルシファーにも、そしてキリスト意識にも、松果体をスイッチにして、パッとつながることができるのです。

兄弟星「金星」のアセンションに、地球も続け！

龍やキリスト意識とつながるのはいいけれど、ルシファーとつながるのは、ちょっと……とためらう方もいるかもしれません。ルシファーは堕天使で、悪魔の親分のように思われてきたからです。

約一億五千年前、宇宙が光だけでなく、光を際立たせるために闇を作りたいと思ったとき、大天使の長だったルシファーが名乗り出て、闇の担当を引き受けたのです。

ルシファーの名前は、「光をもたらすもの」という意味で、「明けの明星」とも言われ、金星の意味です。

日本にも、ルシファーが金星から来たサマトクマラとして、京都の鞍馬寺《くらまでら》に祀《まつ》られています。

毎年、五月の満月の夜に、ウエサク祭として金星からサマトクマラがやって来たことを喜ぶお祭りがあります。一度参加したことがありますが、本当に満月が輝いてくるときに、大きな金星の母船がお寺の屋根の上から登場して、びっくりしました。

金星としっかりつながりたい方は、ぜひ行ってみてください。何かビビッと感じて、もっと創造性が高まってくると思います。

闇に堕ちる前の大天使ルシファーは、コバルトブルーに輝き、美しくて聡明でパワーがありました。だから闇の役を引き受けてくれました。

こうして、光と闇、陰と陽ができたのです。

実は、東京に住んでいた時代、私はルシファーがまさに闇の長として落ちていく前後のシーンを見たのです。ミッシェルというアメリカ人のサイキックなヒプノセラピーを受けたときでしたが、それはとても生々しくて、臨場感がありました。

ルシファーが一瞬で落ちたときに、私は落ち遅れて残ってしまった、残り組の天使だったのです。彼女はサイキックなので、私が思い出したイメージを同時に見ることができました。

ミッシェルさんは、「すごいシーンを見られてとても嬉しい、ありがとう！」と大喜びしていました。

この様子は、『天使の世界へようこそ！』の中で紹介しています。

なぜ、本書でもこのエピソードを紹介したかというと、二〇一九年がまさに、陰陽統合の年であり、第三の目の光であるコバルトブルーは、ルシファーの色そのもので、深く関わっているからです。


陰陽統合できないと、太陽系の外には行けないのです。


金星が地球の兄弟星とされているように、金星が先にアセンションして、次元が上がった体験をしているので、地球があとから追いかけています。

元金星人が、地球のアセンションを応援に、たくさん来てくれています。

具体的に言うと、約四千人も地球人として交じって応援してくれているのです。

金星人には睡眠の習慣がありませんから、地球に来て最初に戸惑うのが寝るという習慣です。

私も金星人だったことがあるので、睡眠時間が短いです。本を書いているときも、天使に三時か四時に起こされて書いています。

あなたの身近に、あまり寝ないでもとても活発な人、派手好きな人はいませんか？


これから、ますます金星人たちが、目覚めて活動を開始します。

自分は周りの人とは違っていると感じはじめたら、松果体がクルクルとまわり出して、自分の人生の使命を思い出して、活動を開始します。

あなたの周りで、突然仕事を辞めたり、新しい仕事をはじめたり、引っ越しをしたりと変化がある人がいたら、もしかしてその人も元金星人かもしれません。そして、あなたも、その可能性があるかもしれません。

眠れないことを悩まないでください。それは、金星人だったときの名残《なご》りです。二、三時間眠れたら、十分です。しっかりと地球に慣れています。

クルクルと気持ちよく回転しているうちに、この世の本当のことが見えてくるのです。

この世は、ホログラム

この世は、よくできたホログラムの世界です。

ホログラムとは、何もない空間に、映像が映し出される状態です。

あたかもそこに実体の世界があるかのように見えますが、実は、肉体の目が映写機のように、あなたが思っていることを映し出しているのです。

それがあまりにもよくできているので、この世が実体の世界であるかのように、私たちは錯覚していろんな体験をしています。

ところが、**本当は目を閉じて寝ているときの夢の世界が、実体の世界です。目を閉じて、自分の内側に集中する瞑想のときに感じる世界が、実体の世界です。**

さぁ、びっくりの解説が最後の最後にはじまりました！

でも、これは本当に真実なのです。

この真実を解説できるときを迎えられたのは、みんながこの世界を怪しいと疑うようになって、現実という映像が揺らいできたからです。

もしかしたら、現実は本当の世界ではないのかもしれない……。

夢と現実が逆転しているのかもしれない……。

と、みんなわかりはじめてきたのです。

この世界は、みんなの思いで作られていますから、現実を疑う人が多くなると、この幻想は薄くなっていくのです。

このホログラムの世界は、みんながはまっているスマホの参加型ゲームと表現したほうがわかりやすいかもしれません。

光は、光っているだけだと、飽きて退屈になるのです。それでゲーム感覚で、このホログラムの世界へと、自分を知るための旅に出るのです。

この世界は、刺激的で、面白い！　だから光の世界から、生まれ変わってくる魂がとても多いのです。

生まれ変わりたい魂が列をなしていて、生まれ変われることがとてもラッキーなことになっています。

あなたも、生まれ変わって今この世で、体験しています。

あなたは、ラッキーガール、ラッキーボーイなのです。

感動的な愛のドラマあり、サスペンスあり、権力者と奴隷のゲームあり、戦争あり、動物との可愛い交流もあり、あらゆる体験ができる素晴らしいホログラムの世界なのです。

映画館で３Ｄの映画を見るときに、専用のメガネをつけますが、この世に生まれてきたときに、私たちは自然にそのメガネをつけます。それが肉体の目です。とてもよくできています。

４Ｄや５Ｄのメガネをつけて、自分も映画に参加しながら見ているので、現実と錯覚しやすいのです。

覚醒するとは「メガネ」をはずすこと

目覚めるとは、この世がホログラムで、メガネをはずせば、本当の世界を見ることができるということに気づくことです。

メガネをはずすことが、寝ることであり、瞑想することです。

寝ている間は、夢の中で、あの世に行ったり、別の宇宙に行ったりしています。本当の自分に戻る時間なのです。

たくさん寝る人は、本当の自分の世界に長く行っています。

九時間も一〇時間も寝ている人は、楽しい世界に行ってエネルギー補給をしているのです。

寝ていなくても、意識がボーッとしているときには、どこか別次元に飛んでその世界を体験しています。

私は、そのパターンが多いです。多次元に飛んでいると、まるでここにいないような薄い存在に見えます。

本当の無限の自分を感じることができて、意識は自由に飛びます。行きたいところに行けるのです。

瞑想を習慣にしている人は、もしかするとみんなが思っている常識と噛み合わなくなってきているかもしれません。

この世のホログラムが揺れて、現実感が薄れてくるので、この世にある様々な嘘を見破ってしまうのです。

そんな感覚が出てきたら、目覚めはじめているということです。

おめでとうございます!!

あなたもホログラムに気づいてきたのですね！　ブラボーです！

気づいたら、あなたにどんどん奇跡が起きます。いったん目覚めると、想定外のことが次々に起きてきます。

直観で大丈夫と感じたら、想定外の流れに乗りましょう！

人間関係では、あまり深く悩まなくなります。自分も参加できるドラマを体験したと思って、さらりと流せるようになるからです。

感じるだけになってきたら、もっと軽やかに体験できるようになるのです。

この世のしくみがわかってくると、自分の思いで、好きなように変えられるからです。

まるであの世にいるのと同じ感覚になってきます。

あの世と同じ波動の世界になる言葉、言霊があります。

「お好きなように〜」です。

この響きには、自由があり、主体性が自分に戻ります。

人間の特権として「選択の自由」があります。自分の選択が間違っていないか、正しいかを気にしていると、自分で決められなくなります。

でもどんな選択にも、間違いはないのです。

好きなほうを選んで体験すればいいのですから。

すると、自分の中の宇宙の流れに乗る生き方が上手になっていきます。

決して、外部の人々や力のある人の言う通りにする必要はありません。

自分らしく、思うがまま、あるがままに生きることです。

ただ、この世にはまりすぎて、大好きすぎて、光に帰るのを忘れてしまった魂たちがいます。アルコール中毒ならぬ、〝この世中毒〟になっている人々です。

肉体を脱いでも、まだこの世に近いところに残っているのです。

このように、ちょっとこの世に執着を持った人が多くなってきたので、多くの光の仕事人たちや、上江洲先生や私などが、地球に派遣されてきました。

暗いと感じる場所で祈ると、愛の祈りの光で明るくなります。そして、その場にいた霊ちゃんたちが光に帰っていきます。

かなり幽界のお掃除をして、明るくなってきました。ピカーー！

この調子でいくと、本当に平和な地球を作ることができそうです。もう少しです！

「第三の目」が開いて、宇宙とつながる

思い返してみると、私は五歳くらいのとき、毎晩、宇宙船に引き寄せられて、宇宙についての大切なレッスンを受けました。

そのときに出会った宇宙人は、ヒューマノイド型でした。部屋の真ん中に、黄緑色の光線のトーラスがあって、そこからいろんな数式が光のビームで放射しているのを見て、わくわくしました。今でもリアルに思い出します。

見ていたときには無音だったのですが、数式のビームを自分の世界に取り込むためにダ

ウンロードするときには、素敵な宇宙交響曲に聴こえました。

凛々とした透明感のある声で（と言っても音声ではなくテレパシーですが）、女性のように見える宇宙人が、語りかけてくれました。

「好きな数式を取り入れて、自分でまずそれを感じてみましょう！　音と響きと振動、そしてイメージを再現してみてください。それがあなたのこの人生の中で大切な情報源のマトリックスになります。必要なときに活用してください。自然にわかります」

今思うと、この言葉の意味がよく五歳のときに理解できたとびっくりです。きっと、すでに松果体が活性化していたからです。

それらは潜在意識にダウンロードされていて、引き出してみると、今だからこそ理解できるベストタイミングの内容になっていました。

振動は、肉体年齢に関係なく、魂にそのまま響いてくるものです。

しばらく宇宙船に通って、まるで夜の特別空中塾に行っている感じでした。今、時が来て、こうやって紹介できることを嬉しく思います。

でもあるとき、パタッと宇宙船通いが止まりました。きっと必要な情報を十分に受け取ったのでしょう！

それからは、ほとんど記憶に残るような衝撃的な宇宙船や宇宙人体験はありません。むしろ、表面意識は、宇宙人関係のコンタクトを取りたがらなくなりました。

それから、ようやく令和の時代になって、宇宙人との交流が当たり前になる流れがはじまりました。再び大きな球体の母船の中にいる自分を、夢の中で感じています。広く心地よい自分の部屋があるのです。そこで多くの人々とユートピアへの活動をしています。

地球に来る前の星の情報やパワーが、松果体のアンテナで、どんどん伝わってくると、宇宙に目覚めて、感覚が変わってきます。

地球での活動も変化してきます。

いろんなものに興味を持つようになり、多次元的に暮らせるようになります。

すると、とても密度が濃い毎日となります。

いろんな人々との交流がはじまり、世界が一気に広がるのです。

多くの人の第三の目が活性化すると、集団的に覚醒がうながされて、地球上の波動が上がっていきます。集合意識が変わるので、一気に平和な状態を引き寄せます。

新しい時代に大切なのは、自分を肯定して、受け入れて、認めることです。

自分を批判することや卑下することはやめてください。

罪悪感も解放してください。 罪悪感を持っていると、自分の波動を一気に下げてしまいます。せっかくクルクルまわっていた松果体が、シューーンと止まってしまうのです。

もちろん、周りの人も同じように、受け入れて、認めてあげましょう！

私はあなた、あなたは私なのですから、相手を批判すると、それは自分に返り、自分を批判することになります。 もちろん、一時的に距離を置くことはかまいません。

自分が発したことは、ブーメランのように、ちゃんと戻ってくるのです。

ですから、自分がほしいものを、人にあげましょう！

自分がしてほしいことを、人にしましょう！

自分が言ってほしい言葉を、人にも言いましょう！

私たちの人間関係は、合わせ鏡のようなしくみになっています。

実は、とてもシンプルでわかりやすいのです。

たくさんの人の松果体がまわりはじめたこれからの時代は、真実を見る目、本物を見分ける目を持つことができます。

ありのままの自分をシンプルに表現していれば、大丈夫です！

そんなあなたを素敵だと認めてくれて、受け入れてくれる素敵な仲間がどんどん周りに増えてきます。

居心地のよくない人や、自分を認めてくれない人々とは、自然に波動が合わなくなって別世界に存在するようになります。

地球人だけでなく、地球に来る前に住んでいた星々の人々とも再会できるようになっていきます。松果体が活性化していき、意識が自由自在になると、自然に会えるようになっているのです。

私も、「海の舞」と沖縄の豊かな自然を活用して、アースクールをはじめるようになりました。地球の自然界を堪能していると、自然に意識は空を見上げて、はるかかなたの宇宙にまで心が軽く飛ぶようになります。

とても楽しくて、さらに次のスクールも作ってほしいという嬉しいリクエストもいただいています。

意識がどんどん柔らかくなり自由になるほど、感じられる世界が広がって、さらに面白い体験ができるようになるのです。

もしかすると、五歳のときに体験した、宇宙船でのレクチャーの続きがはじまるかもしれません。とてもわくわくします。

人生は舞台！　選択するときはいつでも冒険を！

自分の「思い」で住む世界が違ってきます。

つい最近まで、私は農薬や添加物を気にしていましたが、アリや虫の異常発生にてんてこ舞いしているうちに、意識が変わってきました。

農薬だって、虫やカビをよけてくれているのだから、ありがたいな〜と感謝が湧いてきたのです。すべてにありがたい気持ちがあふれてきます。すべてをＯＫだと受け入れることができました。

すべてに意味があるのです。

「今」の中に「過去」も「未来」もあるので、今日という日をどのように演出するかは自分の思い次第です。

私ほど幸せなラッキーな人はいないと決めて、ニコニコ笑顔で過ごすと、そのように展開します。

思いの実験をするかのように、楽しく決め直してみてください。

そうすると、日々の生活の中で「何を気にして」「何を決めているか」が浮き上がってきます。

すべてを受け入れられると、パーッと世界が明るく輝いていきます。

これでいいのだと受け入れられるほど、あなたの松果体は、気持ちよくまわります。

松果体がまわればまわるほど、すべてに感謝できて、その周りの波動が高いすべての存在にも感謝できるようになります。

家族にも職場のみんなにも、「一緒にいてくれてありがとう！　今日もよろしくね！」と挨拶したくなります。

問題が起きても、「あっ、これでまた学べて進化成長できる」と思える余裕もできてきます。すると、また松果体がクルクルまわって、素敵な直観やインスピレーションが湧いてきて、楽々乗り越えることができるのです。

今ここにいられることのありがたさ、面白さ、楽しさを噛みしめながら、今まで関わったすべての物、人々、環境、星々、宇宙にありがとうと心から唱えることができます。

毎晩、寝るときに、このような心境で愛と感謝でいっぱいになって、目を閉じると、松果体が最大に回転しながら、本当の自分の世界へと連れて行ってくれます。

本当の自分は、無限の愛、無限の光、無限の宇宙です。

夢の中で、自由に飛びましょう！　遊びましょう！

ホログラムのこの世でも、飛べるようになります。遊べるようになります。

本当の自分がわかると、どんな出来事にあっても不動心で、影響を受けなくなっていきます。

笑顔が持続できて、笑い出したくなります。そして、周りの人を笑わせたくなります。

笑いの大天使、ワラエルになってきます。

最高の輝く光の笑顔が待っています。それが本来のあなたです。

人生は舞台です。自分も参加できる人生ゲームです。ですから、どんどん自分で面白くしてください。

そのためにも、大事な決断のときには、岡本太郎さんのような無謀に見える道を進み、冒険と思えるいつもと違う決断をしてみましょう！

永遠に輝くいのちにブラボー！

共に地球に来て、地球の平和を作ることができて、本当に嬉しいです！

宇宙の愛にブラボー！

新しい地球にブラボー！
松果体が、クルクル〜〜〜！
本当の自分に目覚めたあなたにブラボー!!

おわりに

この本を読んでくださって、本当にありがとうございます。あなたの「第三の目」（松果体）が気持ちよくまわるヒントになったら、とても嬉しいです。

第三の目が開いて、松果体が気持ちよくまわり出したら、奇跡的な人生に変わります。

そのために、私は今回の面白い人生をクリエイトしてきました。はるかかなたの銀河から、はるばる面白い星、地球めがけてワープしてきました。

たくさんの生まれ変わりを体験して、過去生療法という不思議な面白い治療を通じて、人生のしくみ、宇宙のしくみを解説する使命を果たしてきました。

そして、自分の使命も最終章を迎えています。

そして、ちょうどこの文章を書きはじめるとき、令和の時代に入りました。

今までの元号は中国の古典から選ばれていましたが、今回の新元号「令和」は、『万葉集』の和歌から選ばれました。日本の力が発揮されるハイライトを迎えています。

しかも、梅の花を愛でた歌です。

日本では古来、「松竹梅」はめでたさの象徴ですが、梅の美しい香りが立ち込めるかのようです。

和歌を司るワカ姫（和歌の道を究めた姫）も表に出てきて、いよいよ女性性の開花がはじまりました。

二〇一九年四月には、神奈川県、徳島県、宮崎県などあちこちで、一二〇年に一度という、珍しい竹の花も咲いています。

梅に竹、そして、松果体が活性化して、「松竹梅」がそろいました。

令和は、まさに平和への道です。

私たちの「内なる神」が「平和であれ！」と宣言する時代になったのです。

令和の時代を迎えることで、私たち日本人の意識が一気に変わりました。

平成と違って、昭和天皇の崩御という「悲しみからのはじまり」ではなく、平成天皇の生前退位という、天皇のお役目が成就した「喜びからのはじまり」で迎えることができました。

日本国民全員の魂が喜びにあふれて、それぞれが使命を思い出し、日本人としての役割に目覚めるスイッチが入ったのです。

それぞれが、平和への道をしっかりと歩む覚悟を迎えたのです。

この素晴らしい変化を迎えられて、このタイミングで地球にいることができて、最高にラッキーで幸せです。これこそが奇跡です。

最初に話したように、地球は今までに六回の大きな地軸変動がありました。文明が滅び、再生されるという、リセットを繰り返してきました。

そして七回目の今回は、文明を滅ぼさずに大変革をして、乗り越えようとしています。七度目の正直で、今回は見事に奇跡的な平和を、私たちみんなで作り上げるチャンスです。まさにラッキーセブンです！

だからこそ、私たちみんなが覚醒して、奇跡を引き起こすのです。

そのために、波動の高い意識になるように、これまでにいろんな試練を乗り越えてきています。

今までのたくさんの苦労が、やっと報われるのです。

覚醒すると、人生に思いもかけない吉報が届きます。治らないと思っていた難病が良くなったり、長年患っていた抑うつ状態がよくなったり、長年恋焦がれていたものが手に入ったり、会いたかった人にびっくりするような展開で会えたり……。楽しいハプニングが次々に訪れます。

龍のエネルギーを持っている人は、その引き出しが開いて、活用するときが来ました。

本来の自分に目覚めると、自然に奇跡が起きてくるのです。

あなたにも、奇跡が訪れます。自分は光であり、七色すべての光を使ってこの世界を創造した創造主であること、王であることを思い出すときが来ているのです。

カタカムナで読み解くと、私たちには「内なる神」がいて「意識」「思い」でこの世界を作ってきた創造主だったこと、「実体が光」で、「宇宙すべてが愛である」ことがわかります。

我は神なり、我は創造主なり、我は王なり、我は光なり、我は愛なり、なのです。

今度こそ、ユートピアの奇跡を引き寄せましょう！

いろんな奇跡を楽しんでください。

人生を楽しんでください。

小さな幸せをたくさん見つけて、幸運を噛みしめてください。

第三の目を活性化するテーマを依頼してくださった廣済堂出版の編集者の真野はるみさ

んと編集長の伊藤岳人さんに深く感謝します。

今回は、カバーにホログラムという不思議な面白い立体的に見える紙を使ってくださいました。しっかり本文の内容とマッチしています。まさに紙（神）技です。

今までの様々な癒しの本を読んでくださった皆様、そして陰で支えてくれている家族やスタッフの皆さんにも心から感謝しています。

共に、それぞれの松果体を活性化して、大いなる光の世界を創造しましょう！

二〇一九年八月吉日

越智啓子

越智啓子（おち・けいこ）

精神科医。東京女子医科大学卒業。東京大学附属病院精神科で研修後、ロンドン大学附属モズレー病院に留学。帰国後、国立精神神経センター武蔵病院、東京都児童相談センターなどに勤務。1995年、東京で「啓子メンタルクリニック」を開業。99年沖縄へ移住。過去生療法、アロマセラピー、クリスタルヒーリング、ハンド&ヴォイスヒーリングなどを取り入れた新しいカウンセリング治療を行う。現在、沖縄・恩納村にあるクリニックを併設した癒しと遊びの広場「天の舞」「海の舞」を拠点に、クライアントの心（魂）の治療をしながら、全国各地で講演会やセミナーを開催し人気を呼んでいる。著書は本書で40冊にのぼる。おもな著書に『祈りの奇跡』『笑いの秘密』『龍を味方にして生きる』（すべて廣済堂出版）などがある。

ホームページ：http://www.keiko-mental-clinic.jp/

目覚めよ、松果体

「第三の目」を覚醒させて宇宙の波に乗る方法

2019年10月1日　第1版第1刷

著　者　越智啓子
発行者　後藤高志
発行所　株式会社 廣済堂出版
〒101-0052 東京都千代田区神田小川町2-3-13 M&Cビル7F
電話 03-6703-0964（編集）
03-6703-0962（販売）
Fax 03-6703-0963（販売）
振　替　00180-0-164137
URL　http://www.kosaido-pub.co.jp
印刷・製本　株式会社 廣済堂

ISBN 978-4-331-52254-7 C0095